风靡全球的经管畅销书

水手的秘诀
The Rowers' Code
如何打造一个团队并取得胜利

[美] 玛里琳·克里奇科 ◎著
[美] 简·罗林森
王玉珏 ◎等译
严文华 ◎审校

全国百佳图书出版单位
时代出版传媒股份有限公司
安徽人民出版社

图字:1211968 号

THE ROWERS' CODE© 2011 Marilyn Krichko with Jane Rollinson. Original English language edition published by Career Press, 220 West Parkway, Unit12, Pompton Plains, NJ07444 USA. All rights reserved.

图书在版编目(CIP)数据

水手的秘诀:如何打造一个团队并取得胜利/(美)克里奇科,罗林森著;王玉钰等译.—合肥:安徽人民出版社,2012.10

ISBN 978-7-212-05830-2

Ⅰ.①水… Ⅱ.①克…②罗…③王… Ⅲ.①企业管理—组织管理学—通俗读物 Ⅳ.①F272.9-49

中国版本图书馆 CIP 数据核字(2012)第 231401 号

水手的秘诀:如何打造一个团队并取得胜利
SHUISHOU DE MIJUE:RUHE DAZAO YIGETUANDUI BING QUDESHENGLI

[美]玛里琳·克里奇科 简·罗林森 著　　王玉钰等 译

出 版 人:胡正义　　　　　　　　　丛书策划:白　明
责任编辑:郑世彦　　　　　　　　　装帧设计:宋文岚

出版发行:时代出版传媒股份有限公司 http://www.press-mart.com
　　　　　安徽人民出版社 http://www.ahpeople.com
　　　　　合肥市政务文化新区翡翠路1118号出版传媒广场八楼
　　　　　邮编:230071
　　　　　营销部电话:0551-63533258　0551-63533292(传真)
制　　版:合肥市中旭制版有限责任公司
印　　制:安徽省人民印刷有限责任公司

开本:880mm×1230mm　1/32　　印张:6.5　　字数:134 千
版次:2013 年 3 月第 1 版　2013 年 3 月第 1 次印刷

标准书号:ISBN 978-7-212-05830-2　　定价:26.00 元

版权所有,侵权必究

写在前面的话

亲爱的读者,书海茫茫,很高兴您与我们这套《风靡全球的经管畅销书》不期而遇。

这是一套有着全球视野的图书。全球经济一体化要求我们的视野必须"全球化"。多边贸易的频繁交往,使得国内读者更需要了解国外的经营管理理念、方法。选译各国经济发展过程中最受大众关注、成为热门话题的应用类经管畅销书,反映世界各国经济生活的特色,能为读者打开一扇生动丰富的世界经济之窗。

这是一套精心编译、体现适用的图书。在经济管理理念和方法、技术的选定中,往往体现出这样的特点:最适用的往往是最好的!不一定最流行时尚、技术方法最先进就一定最适用。本着这种认识,我们不仅从发达国家海量经管畅销书中精心挑选,而且还颇费周折淘到了一批发展中国家的经管畅销书。希望这种多元的选择,能让读者欣赏到多元文化背景下形成的千姿百态的经管风格。它山之石,可以攻玉。

这是一套由具备国际视野、专业素质精良的译者精心翻译的图书。这套书的译者大都是既有经济管理专业背景,又曾留学海外,有着较强语言驾驭能力的中青年"海归"。良好的学术素养、丰富的留学经历和纯熟的语言驾驭能力保证了图书的翻译质量,让您能够原汁原味地流畅阅读高品质的国外经管畅销书。在编辑、设计制作过程中,我们根据中国读者的阅读习惯和社会文化背景整合、优化了相关内容,将丰富的内容浓缩在便于携带和阅读的小开本图书中,希望能为您带来轻松、愉悦的阅读,享受一次愉快的精神旅行。

不断变化的世界经济注定了它会演绎成一桌常变常新的精神盛宴,而我们也会通过不断地精耕细作,将它打造成"时代经管"的一条精品生产线,将优秀的经管图书源源不断地输送给广大读者。

"合作是时代的旋律,读书是全球的享受。"亲爱的读者,我们热切期待您加入我们"时代经管"的行列。欢迎登录我们的编读互动平台(安徽人民出版社网站、安徽人民出版社新浪微博、豆瓣的时代经管小站)提意见,谈设想。

| 致中国读者 |

亲爱的读者们:

很高兴我的书即将和中国的朋友见面。本书中提到的那些"水手的秘诀"已经帮助了很多公司和组织,其中不乏财富500强公司,我希望它也同样可以帮助到你们。

"水手的秘诀"涉及一些关于团队潜力和团队成员的知识,它可以适用于任何一种文化。众所周知,一个富有技巧和承诺的团队一定可以实现其最高目标,而本书正是教你如何做到这些。我相信借助于本书,再结合你的实际经验,你一定可以带领你的团队走向光明。

"水手的秘诀"之核心在于团队合作,这正是决定组织是否成功的最关键因素。其中包含7条原则可以作为一个团队的行动指南,帮助团队学会如何通过彼此间的沟通发挥出其最大的效能。

我非常期待看到大家能将"水手的秘诀"运用到工作中,我相信你们一定会从"水手的秘诀"中获益匪浅。

玛里琳·克里奇科

| 译者序 |
通过体验式学习锻造一个团队

建立团队方面的书有很多。和市场上这些书相比,《水手的秘诀》具有其独特性:一是它强调通过体验式学习来完成团队建设的工作,所有的团队建设发生在划艇活动中。二是通过故事的形式展现了一个团队从陌生、冲突走向熟悉和合作的历程,而所有这些,是围绕划艇活动展现的。整本书通俗易懂,朗朗上口。特别适合快节奏生活和工作的人阅读。

本书涉及团队建设的原则一共有七条:即以团队利益为先,给予每个人平等的价值,承担自己的责任,保持平衡,保持同步,以身作则,内部解决团队的问题。这七条原则并不神秘,非常平实、易懂。它之所以起作用,是因为不是培训师把这些内容强加给他们的,它来自于书中每个人划艇过程中的感受,它自然而然地从他们心底淌出。而当他们不遵守这些原则时,他们就会马上接受到反馈:后面人的桨会撞上他们的背,或整个艇摇晃不停,或整个艇无法前进,只能在原地打转。这些不是惩罚,而是他们行动带来的自然的结果。他们必须马上调整自己,否则他们会一直处在僵局中。这就是体验式学习的魔力:个体通过与环境和他人的不断互动,不断尝试解决问题,并学会适应新的环境。而在所有这些过程中,学习者是学习和发展的主体,培训师只是辅助者和支持者。

最神奇的是,体验式学习的效果并不止步于体验的过程中。当体验过程结束后,那些体验、经验和所学到的东西仍然会被移植到其他场景、其他事件中。本书框架也说明了这一点。全书共26章,第10章时划艇活动已经结束,第11章时已把七条原则介绍完,有15章都在讲如何把划艇中学到的要点付诸具体行动。在本书中,划艇并不是一项娱乐活动,而是一项精心设计的培训,划艇本身只是一个载体,一个隐喻,参加者需要通过参与和体验划艇的过程,领悟作为一个团队划艇的奥秘。单纯的划艇更侧重于身体的运动,而本书强调划艇过程中的心身合一,需要人们时时关注自己内心的感受,并且更强调如何把这些感受运用在现实中。

本书的团队共有克丽丝汀、奇普、玛丽、提姆、南希、戴夫、道格、彼得8个人。他们有自己不同的背景、个性和职业动机。在他们身上,你可以看到自己的影子,看到周围同事的影子。他们走过的心路历程,对你会有所启发。

好了,不多剧透了。你可以自己去体验这个过程。

这本书的翻译分工如下:致谢、前言、序、索引、第1章至第5章由王玉珏翻译,第6章至第13章由邓颖翻译,第14章至第20章由王婕霏翻译,第21章至26章、附录A和B、作者简介由刘彦汝翻译。严文华负责审校全文。四位译者都是华东师范大学心理与认知科学学院的研究生。严文华为该学院的副教授。在翻译过程中,每一章都经过了初译、相互挑剔性阅读、自我修正、统稿、审校等程序。另外,为了让本书更贴近时代,在表达准确的基础上,年轻的译者们运用了一些充满活力的词语,希望读者们能够喜欢这种风格。

华东师范大学校园里有一条美丽的河——丽娃河,译完此书,译者们看着这条河的眼睛都是发光的:如果能在河上划艇,体会一下书中所讲的过程,该多好!出版此书的安徽人民出版社紧临一个美丽的湖——天鹅湖,编辑郑世彦读完此稿后掩卷而思:如果能够在湖上划艇,该多好!

你读完此书后,是否有冲动想和你的团队一起去划艇,感受一下书中所讲的要点?

严文华

2013年元月于上海

致谢

首先,我要感谢我的朋友劳拉·佩克。几年前在费城,是你将我领进"水手"的世界,为我的精彩生活拉开帷幕,给我的人生带来了惊人的变化。我对这些经历心怀感恩,就连那些维修船只的时光都让我牢记在心。

谢谢你,我们的代理人——来自于高点管理出版社(Highpoint Executive Publishing,www.highpointpubs.com)的迈克尔·罗尼。你不仅帮助我们对本书进行定位,找到了合适的出版商,同时也在内容架构上给我们提供了很多宝贵的修改意见。

谢谢你,乔恩·戈登。你给我们提供了无尽的支持和鼓励,你是我们的灵感和能量之源。

谢谢你们,布兰·斯奈德和马蒂·哈姆伦。这些年来,你们一直陪伴在我的身边,帮助我编辑材料、设计工作坊,给我提供了很多建设性建议,谢谢你们这些年来的患难与共。马蒂,在这个过程中,你的编辑能力进步很大,远远超出了我的想象,你就是个天才!

谢谢你们,我们的客户和伙伴。你们让我们对现在的工作饱含热情,也正是你们首先提出写这样一本书。如果没有你们一直以来的支持和投入,这本书想必也不会诞生。

谢谢你,约耳·罗杰斯,你为本书提供了照片。也谢谢你,迈克尔·伍德,谢谢你为我们提供船的插图。人们说,一张图片胜过万语千言。

感谢华盛顿湖划船俱乐部一直以来的鼓励和支持。你们给我们提供了超赞的教练，也给本书以及我们工作手册提供了很多方法学上的修正，我们一起度过了很多美妙的时光。也许没有哪家俱乐部可以给我们提供更加便利的服务和如此优秀的学员了。在此，我尤其要感谢弗兰克·坎宁安、比尔·蒂图斯和约翰·蒂图斯，卡琳·克劳塞梅尔和麦特·克劳塞梅尔，特丽萨·巴蒂、安娜·诺德斯特龙、唐·库恩、玛丽·哈格曼、伊丽莎白·伯克、詹·让希尔、琳恩·罗宾斯、雷切尔·亚历山大、玛西·希尔曼以及俱乐部的全体董事会成员，没有你们的共同付出，这本书也不会完成。

感谢世界各地同我们合作过的划艇俱乐部。我们乐于见到每一位教练和划手，也感谢你们诚挚地招待，让我们宾至如归。

最后，要特别感谢职业出版社（Career Press）对我们的信任和赏识，让我们得以梦想成真。

| 原版序 |

打造"给力"团队

每一个伟大的团队都离不开一个词:关系。关系是一个成功团队的基石,同时也是决定商业生涯成功与否的重要因素。

良好的员工关系可以提高员工卷入度并加强他们的组织承诺,这些因素都会产生更强有力的团队合作。读到这,也许你会想:这谁都知道!事实也许确实如此,但不幸的是,很多组织却没有真正意识到这一点,它们希望自己的员工能竭尽所能,却从不肯花时间和精力去帮助他们做到最好,更没有花时间去维护员工间关系。它们只关注绩效,却忽视了员工关系和团队合作。

而这就是本书的意义所在——这本《水手的秘诀》连同其工作坊,探索了如何打造一个成功的团队,从而让人们共同工作,共同取得胜利。

划向杰出

团队可以说是最复杂、最具挑战的工作环境之一,也正因如此,当正确运作时,它会产生巨大的能量。本书介绍了一种全新的工作坊,可以帮助任何一个团队或工作小组迎接它们的挑战,实现既定目标,并引导它们建立正确的组织文化以获得前所未有的工作效率。

这种工作坊是让员工在专家的指导下划一种约18米长的

奥林匹克赛艇,在这个过程中帮助人们挖掘所在团队的潜在动力,同时也帮助他们更好地认识自己。团队合作可以形象地比喻为划船,事实上,那些接受过玛里琳·克里奇科和简·罗林森培训的人都发现,划船的过程确实对他们的团队起到很大的启示作用。

将团队合作比作划船的一个妙处在于它易于理解,几乎每个人都能轻易想象出在一艘船上,水手合作良好时是什么样,合作糟糕时又是什么样。这种工作坊就是将这个比喻直接运用在每个参与团队自身,甚至直指每个角色自身,从而帮助队员更真切地感受到团队合作的真谛。这个想法真是太棒了,不是吗?

这种寓教于乐的培训方式是上世纪90年代玛里琳在宾夕法尼亚大学参加一个赛艇课程时想到的,当时她刚担任某家欧洲企业的一项重要职务。这一想法改变了她的人生,1998年,她创立了"水手的秘诀",并成立了OARS公司,在全球范围内以划艇的形式进行团队建设的培训。

自此,水手的秘诀对数以万计的员工、团队及其领导者产生了重要的影响,并广泛传播开来,以至于很多财富500强的员工排着队要来参加这个工作坊。

你手中的这本书反映了这个工作坊的真实状态,让每一个读者身临其境地参与到划艇经历中,并有所收获。它给你提供一个参考框架,帮助你更好地认识自身的优缺点,以及如何提升你所在团队的整体表现。

上船吧!

怎样才能称作是一个有能力的人?智慧、学识、技能或是良好的工作习惯?这些都远远不够。现如今,组织里的每一个人都是团队的一员,都需要以团队目标为己任,都要能有效地与他人合作。

一言以蔽之:每一个团队都需要一个秘诀,这不仅仅意味着罗列组织价值观,更重要的是创建出一套切实有效的行动准则,帮助团队中的每个人挖掘自身潜力,实现团队效能的最大化。这,就是一切!

在过去的几年里,我读了很多关于如何打造一个强有力、高效团队的书籍,我自己的畅销书《活力巴士》(*The Energy Bus*)和《心灵鸡汤》(*Soup*)也涉及这方面的内容。但是本书体现了一个理念上的提升:它阐述了任何团队进一步发展的必然趋势。

那么,跟我走吧!你已经开过公车,现在开始上船吧!划艇的时间到了!

《华尔街日报》畅销书《活力巴士》和《心灵鸡汤》的作者

乔恩·戈登

2011 年 2 月

前言

在费城的一个夏天,一位年轻的女性受朋友的邀请参加宾夕法尼亚大学的一门划艇课程。她本想拒绝,因为她并没有那么多的空余时间——她刚升了职,担任一项行政职务,因此正为前往德国做准备,包括每天几小时的商务德语培训。但是她的朋友坚持要她参加,最后她妥协了,参加了这项赛艇课程。才上课没几分钟,她就和另外 8 个人一起,被安排到一艘赛艇内,于是她开始领悟划艇的真谛,而这项活动也最终改变了她的人生。

我就是这名年轻的女性,虽然时隔没有几年,但是我有一个好故事要对你们说,希望它能激励你,让你牢记在心。

——玛里琳·克里奇科

如果你能让一个组织的所有成员向相同方向划艇,那么在任何时间、任何市场,面对任何对手,你都能控制你的企业。

——摘自帕特里克·兰西尼奥的《团队发展的五大障碍》
(*Five Dysfunctions of a Team*)

目　录

写在前面的话 / 001
致中国读者 / 001
译者序　通过体验式学习锻造一个团队 / 001
致谢 / 001
原版序　打造"给力"团队 / 001
前言 / 001

开　场　多事之秋 / 001

团队内部人心涣散，大家对整个部门何去何从感到迷茫，也很担心自己会丢了饭碗。他们急需一个方案可以带他们度过难关。

第 1 章　奇思妙想 / 003

如果我的员工都上这样一条赛艇,共同学习如何划船会怎样呢?也许这会让我们学会用不同的视角看待问题,甚至想出一些帮助我们进步的新点子。

第 2 章　户外培训 / 007

水手的秘诀是一套关于团队合作和沟通的简单有效的行为准则,它适用于所有的工作团队。它的前提是"你所有的行为都会影响到他人"。

第 3 章　初定阵容 / 011

如果有很多人抢同一个位置,或有的位置没人要,那么团队需要正视这些冲突和空缺,这样可以有针对性地解决它们,并帮助团队保持平衡。

第 4 章　初生矛盾 / 019

团队的成功有赖于正确地衡量每个人的价值,并发挥出每个人的优势。要想发挥出最大的优势,就要考察团队关于当前任务具有哪些相关知识、技能和经历。

第 5 章　动手抬船 / 025

奇怪了,他想,我正在参加一个团队训练,跟我的同事们将船抬入水中,但是这个时候,我感觉很孤单,其实我在工作中也经常有这样的感觉。

第 6 章　绝不倒退 / 031

平衡是保持沉着和稳定的能力,它可以使团队的整体实力更加均衡。当你明白自己的职责,在紧要关头仔细对待,并且和团队步调一致时,达到平衡就是一件很容易的事情。

第 7 章　关键时刻 / 037

没有轮到你的时候,你仍然需要专注于自己的团队角色,以确保其他队员工作的时候,船是平衡的。

第 8 章　后退一步 / 045

悲剧的是,两个队员忘记了自己还承担着保持船身平衡的职责。松开了自己的桨。突然间,小船向一边倾斜而去,大家感觉自己好像马上就要掉进湖里了。

第 9 章　拨云见日 / 051

绝大多数人以为自己都能按照最初的想法，做得很好，但事实上，我们都会受到他人的影响。要想改变这种现象，就要将所有人的行为协调到一致，而这，需要每个人从自己做起。

第 10 章　最后一击 / 057

船一回到它的位置，每个人都欢呼起来，通过这次划船训练每个人都更了解自己和彼此了。他们不仅共同分享了这种胜利的喜悦，也明白在团队合作方面，他们自己还有很多需要学习的地方。

第 11 章　内部解决 / 061

在外面讲团队内部的事情是成功团队的头号杀手，它毁坏团队间的信任。如果你对队里的某个人有什么想法，就直接去找他，而不是别人。

第 12 章　信口开河 / 067

当团队成员犯错时，团队的反应对信任的建立或摧毁有着至关重要的作用。支持行为能促进信任的建立，攻击行为会导致信任的摧毁。只有团队成员在自己的团队里面感到安全，他们才能坦白地承认自己的错误，并且寻求帮助以便做得更好。

第 13 章　迎接挑战 / 073

改变起源于团队领袖以身作则,表现出组织期望的价值观和行为。切实地参与到这些行动中,并鼓励员工参与到这些行动中,从而教会他们怎样上船和划桨。

第 14 章　一丝希望 / 081

关于团队和团队会议的最好状态是,所有与会者都可以就一些建设性的话题展开有意义的讨论。这需要大家坦诚地说出自己的看法,认真地倾听别人的意见,努力学会站在别人的角度思考。

第 15 章　抛开抱怨 / 087

抱怨周围的环境对问题的解决一点帮助也没有。这并不是说我们应该逃避问题或噤声不言,而是员工应该本着解决问题的目的来提出这些问题……如果你看到团队中有需要改进的地方,不要只是抱怨,与其他人一起去做点什么吧!

第 16 章　机遇之窗 / 091

"水手的秘诀"中的每一点都旨在帮助你建立有利行为,改变阻碍行为,从而让你获得成功。这个活动可以帮助你明确自己的优缺点,从而有针对性地改变自己。

第 17 章　新鲜空气 / 099

我们要以正确的价值观为导向,通过实际行动来帮助团队建立起相互信任的氛围。这要求我们首先学会设身处地为他人着想,并鼓励他人从过去的错误中学习。

第 18 章　一视同仁 / 107

遍观组织中的每个人都在为团队的成功贡献着自己的力量。从某种意义上说,每个人都直接或间接地服务于我们的客户。只有成员以团队目标为终极目标,整个公司才会取得更大突破。

第 19 章　九一原则 / 113

她的教练有个有趣的规则,那就是团队成员必须把90%的努力放在加强优势上,只留10%放在弥补弱项上,她的教练称之为九一原则,意思是说团队在改进不足的同时,应当继续强化自己的优势。

第 20 章　晃动小船 / 117

一支强大的、不断成长的团队,愿意把实际所面临的困难和挑战提出来。通过"晃动小船"准则,你们可以获得平衡,统一战线,同时,作为一个整体继续向前。

第 21 章　圆满完成 / 127

每个团队成员都希望得到其领导的鼓励和指导。团队领导必须表现出他(她)关心整个团队,并且认可每个成员都将为这个团队付出一切。

第 22 章　晚餐时分 / 133

永远不要低估每个成员对团队成功所做的贡献,也永远不能把每个成员为团队付出的努力看作是理所当然的。

第 23 章　把握时机 / 139

在"水手的秘诀"当中,开诚布公、诚实、行动果断都是十分必要的。同时,应尽量在不好的行为发生时就制止,而不是等到发生之后再处理。这样做可以节省大量的时间与资源。

第 24 章　香甜之梦 / 143

"唯一妨碍你的是你自己,改变你的做法,这样你才能给大家起一个表率作用。如果你想别人尊重你的观点和能力,你就要尊重他们的;如果你想把事情做好,你需要一个团队。没有团队,你是不可能成为一个好领导的"。

第 25 章　扫除隔阂 / 151

犯错误是不可避免的,关键是如何解决。承诺造就成功的团队。如果成员无法承诺尽可能地遵守水手的秘诀,团队必定无法获得成功。

第 26 章　未来之行 / 155

在接下来的几个月里,道格并不是唯一一个改变最大的人。奇普学会了尊重他的同事并信任他们,这也让他收获了很多。戴夫开始考虑别人的能力范围,将报告模板标准化,也不再提出无理的要求了。

附录 A　团队评估 / 157
附录 B　"水手的秘诀"汇总 / 168
索引 / 171
关于作者 / 183

开场　多事之秋

最近,在大西北的一个城市里,某团队里的八个员工正面临着前所未有的挑战:由于整体经济局势的衰退,所有的公司都在努力节流,现在他们必须努力找出一个切实可行的解决方案。

祸不单行,正当这个团队策划新方案时,他们合作多年的领导突然被调到另一个部门。士气跌落到谷底。团队内部人心涣散,大家对整个部门将何去何从感到迷茫,也很担心自己会丢了饭碗。他们急需一个方案可以带他们渡过难关。现在,他们只能寄希望于他们的新领导了。

[21]

第一章　奇思妙想

当克丽斯汀坐车行经西雅图的蒙特雷克桥上时,她正想着她的新工作以及随之而来的战略规划会议。不经意间,她将目光转向宁静的湖面,看见华盛顿大学正在举行晨间赛艇活动。这真是个不错的日子,太阳刚从山谷间升起,湖面上笼罩着一层薄雾。那些水手们划着赛艇平滑前行,看起来就像一只只高贵的天鹅。[23]

克丽斯汀觉得观看他们划船真的很有意思。她的妹妹曾在普林斯顿参加过赛艇活动,甚至还参加过一些赛季,克丽斯汀现在回想起来都觉得很刺激。参加船队的日子里,她妹妹和其他队员们建立了深厚的友谊,他们同甘共苦,那段经历对她妹妹产生了重大影响。[24]

克丽斯汀对自己的领导能力非常自信,但对于这个团队来说,她还是个新人,因此她首先要取得团队的信任。这时候她产生一个奇妙的想法:**如果我的员工都上这样一条赛艇,共同学习如何划船会怎样呢?也许这会让我们学会用不同的视角看待问题,甚至想出一些帮助我们进步的新点子。**

◎ 备忘录

第二天,克丽斯汀和她最好的朋友安娜谈了这一想法,安娜想起曾在 Spectrum 杂志上读过一篇文章,其中介绍了西雅图的标准咨询服务公司会通过赛艇活动来建设团队。安娜将这篇文章转发给克丽斯汀,克丽斯汀读后大受启发,当即为她的团队报名参加了"水手的秘诀"工作坊,这一工作坊由西雅图的华盛顿湖赛艇俱乐部主持,为期一天。她兴趣盎然地期待着,也希望她的员工能有同样的感受。

为此,她第二天就给员工们发了这样一封备忘录:

早上好!我的团队!

我们的战略规划会议还有几周就要召开了。按照惯例,我们在第一天会进行团队建设活动。第二天,我们才会开始进行正式会议。本年度的团队建设活动为奥林匹克式赛艇。

大家都知道,我们常将团队合作比作向同一方向划船,这次我们将有机会去位于弗里蒙特的华盛顿湖赛艇俱乐部,真正坐到约18米长的赛艇中挑战我们自己。

一想到即将与大家共度这一美好时光我就感到很兴奋,我也相信通过我们高质量的交流,肯定会发生一些意想不到的事情。

Chapter 1 奇思妙想

　　我会另外给你们发一封备忘录,其中有我们此次活动的行程和一些其他细节,如果你有其他的疑问或顾虑,请联系我们的引导师——标准咨询服务公司的安吉拉·史密斯。

　　再次感谢你们对团队做出的所有贡献!

——克丽斯汀

　　团队中的一些成员收到克丽斯汀的邮件时非常开心。市场部的奇普尤其如此。他热衷体能上的挑战,因为这样他就可以展现自己,同时也获得一些机会。在公司待了很多年,奇普对他的领导能力超自信,虽然有时难免过度自信了。

　　运营部的南希同样很开心,因为她乐于尝试新的运动。她喜欢团队合作,尤其是对于一些难度较大的项目。这次的活动立刻激发了她的兴趣。

　　高级项目经理玛丽在收到邮件之后,立刻上网搜集了所有相关信息,希望能了解所有和赛艇有关的知识。她不管在工作中还是游戏中都竭尽全力,并希望能在最短时间内得到最好的结果。

　　财务部的彼得是这一团队的新成员,他觉得这次的活动实在太酷了,太另类了,他希望能通过这次活动与大家相互认识。到目前为止,他总是谨慎地与大家互动,努力向大家学习,但他希望能借这次机会尽快融入到团队当中。

　　法律和政府事务部的戴夫感觉很复杂。他喜欢团队建设活动,但是对于赛艇却不那么确定。事实上,戴夫对他职业生涯中的很多事情都不确定,他常常依赖于别人的意见做出决定,当然,这些意见有时候是正确的,有时候是错误的。

IT部门的提姆收到邮件后大笑起来,他根本没法想象出如果团队所有人划一艘赛艇会出现什么情况。提姆平常看起来总是很忧虑,因为把他的职业和个人责任看得很重,尤其是最近工作中发生的一件事让他对工作和未来更加担忧。这次却因为这封邮件笑了好一阵,这实属罕见。

销售部的副总经理道格对于这封邮件非常不屑。**纯属浪费时间**,他摇摇头,自言自语道。道格只对销售感兴趣,公司的其他事一概不过问。他从小被溺爱,工作之后依旧我行我素,很少考虑别人的感受。

◎ 小结和核心概念

[27]

◆ 接受一种新的挑战可以让团队成员从一个不同的视角看待如何与他人共事,这个过程会刺激新想法,以保证团队可以成功前行。

◆ 每位团队成员都以不同的方式应对挑战。他们会带有各自先入为主的观点、情绪和目标。有的人可能摩拳擦掌、跃跃欲试,有的人可能感觉不自信或者不确定,等等。

第二章　户外培训

这次户外培训将会持续两天时间：一天用来进行团队建设，另一天用来制定新一年度的战略目标。每天的活动从上午9点到下午5点，这样团队成员可以有足够的时间共进晚餐。

第一天，每个人都早早地来到了赛艇俱乐部。这个俱乐部成立于1957年，是一些运动员为参加国际赛事进行训练的地方。这里的确是一个不错的地方，一楼的船湾里停着若干赛艇，而从二楼阳台看出去，西雅图和雷尼尔山的秀丽风景尽收眼底。引导员提前通知团队成员要穿着适合运动的衣服，这样他们的衣服就不会被绞到机器里。但是并非所有人都按指示行事——道格穿着西装来了。

[29]

团队引导员安吉拉面带微笑地站在人们面前，"欢迎来到'水手的秘诀'"，她说道："今天你们将学习如何划一种奥林匹克赛艇，这种赛艇叫做'小八'，之所以这么称呼它，是因为它能承载8名水手，再加上一名引导员。在这里，团队合作是关键，因为在'小八'上，你的每个行为都会影响到其他人。"

[30]

"我会向你们介绍本项目中的7个原则，你们可以用它们来指导你们的行动,这将是你们前所未有的新体验,我希望你们能享受这个过程,并将这些体验迁移到工作之中,去影响和改变你们的人生。"

对安吉拉而言,眼前的这支团队和以前遇到的其他团队一样,总有些人没有认真阅读邮件,也总有些人为活动做足了功课。而道格就是那个来"打酱油"的。

◎ 只做最有利的

[31]　　她说道:"我们今天要划的赛艇,长约18米,重约30斤。"安吉拉接着就强调行动一致对于团队来说的重要性,不管是船进出船屋的时候还是进出水面的时候都是如此,这样才不会有人受伤。"如果每个人都出了自己应出的那份力,那么每个人都将承重约30斤。但是如果任何一个人没有竭尽所能,那么重量就会落在别人肩上,其他人就会受伤。"

这时,道格举起了手。

"怎么了,道格?"安吉拉看了一眼道格的衣服,问道。

"我们现在面临着一些重要的贷款问题,我希望能乘着其他人划船的时候,把这些问题给处理了,"他坐直了,继续说道"所以,我什么衣服也没带。这应该没什么问题吧。"屋里所有人都紧张地看着安吉拉,不知道她将做出什么样的回应。

似乎早已料到道格会这么说,安吉拉很快说道:"看来是时候介绍水手的第一条秘诀了。"

她在白板上写道:

Chapter 2 户外培训

1 以团队利益为先

"道格,也许你可能有些你认为火烧眉毛的事情,但是现在你的团队需要你去填满'小八'上的那个座位。如果你不出现的话,团队真的没法工作。"

这时,新上司克丽斯汀大声说道:"我完全同意这个观点,我们真的需要所有人都积极参与,也就是说所有人都先将自己手头的工作放在一边,我们先着眼于眼下这个共同的任务,可以吗?"

[32]

每个人都看着道格,静静地等着他的回答。气氛突然变得很紧张,道格感受到一种无形的压力,他妥协了,说道:"好吧,算我一个。"

还不错,南希心想。**他总是抱着这种消极抵抗的态度,他怎么可能不知道划船时候不能穿成这样。**

她记得去年的团队建设活动,道格说他没带跑鞋,所以不能爬雷尼尔山。那一次,他们都去登山了,只有道格一个人在房间里查收邮件。**他好像就是不明白,**南希心想。她想起大学里曾听过著名的物理学家理查德·费曼的讲座——"这是一个你们一无所知的事情"。她环视屋里的同胞们,她知道跳进这样一艘赛艇,对所有人来说都是一个从未经历过的事。

安吉拉向团队展示了划艇的录像,并向大家介绍了一些基本要领。在录像中,水手们完美地合作着,这使得划艇看起来既容易,又有趣。所有的水手脸上都露出坚定的神情。整个船队整齐划一，每个人都尽着自己的一份力。

安吉拉时不时停下来向团队成员们展示划桨的每个步骤：怎么拿桨，怎么让船前进，怎么停船，等等，所有动作都很整齐优美。所有人都迫不及待地想尝试一下，尽管他们都知道自己第一次不会像专业水手那样成功。

◎ 小结和核心概念

水手的秘诀	含义	核心原则
1　以团队利益为先。	将团队的利益置于个人利益之上。大家都向一个方向使劲，而不是各划各的。	承诺

◆ 水手的秘诀是一套关于团队合作和沟通的简单有效的行为准则，它适用于所有的工作团队。它的前提是"你所有的行为都会影响到他人"。水手的秘诀将会指导你的行动，并帮助你聚焦于最重要的地方。

◆ 相同的目标可以将你的团队凝聚起来。对于整个团队来说，最大的挑战在于如何保持专注，并让每个人学会将团队利益放在第一位。因此，要想有一个成功的团队，首先需要所有人学会让集体利益高于个人利益。

第三章　初定阵容

安吉拉继续说道:"我前面所说,艇上一共有9个座位——8个给水手,一个给引导员。接下来的30分钟,你们得找到适合于自己的位置,这样你们可以将团队的力量最大化。" [35]

她将讲义分发给大家:"这是对艇上每个座位的描述。我们将在你们的工作簿中用雷达图画出你们的强项和劣势,这样你们的团队就可以取长补短。"

图表如下：

[36]

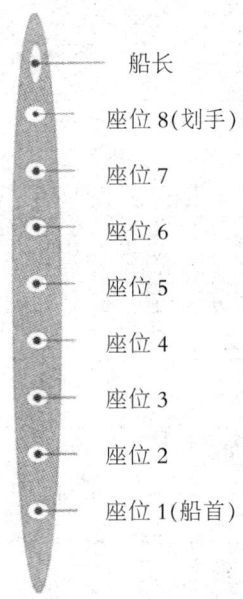

船长

座位8(划手)

座位7

座位6

座位5

座位4

座位3

座位2

座位1(船首)

船长：合理地分配物资和安置人员；规划行程；把握方向；给予反馈；总体控制；激励队员；制定战略计划；敦促队员们竭尽全力。

8(划手)：指引方向；控制艇队的节奏；具有高超的技巧和强壮的体力；能高效地完成任务；对工作精益求精。

7：类似于划手，在艇的另一边起相同的作用。

6、5、4、3：这里聚集着体力最强的水手；他们要听从指挥，跟上团队的节奏但不会将其他水手逼得太紧；成就动机较强。

2和1(船首)：最能影响到赛艇的平衡性；有预见性；善于与他人协调；努力让小艇保持平衡。

8人赛艇的座位示意及描述

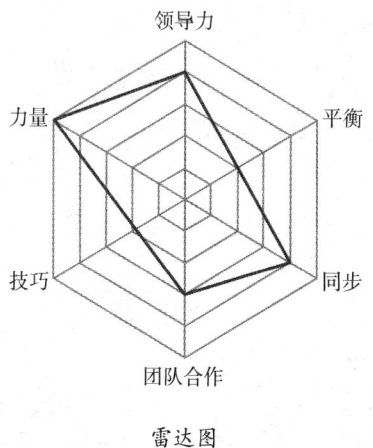

雷达图

◎ 雷达图

工作簿中清晰地阐述了如何使用雷达图标记出个人的优劣势。问卷有 6 个等级，选 0 代表这个项目对你来说是个劣势，选 5 代表是优势。由于每个人都清楚自己的优劣势，因此对于团队来说，填写雷达图并非什么难事。只是一些成员对团队并没有信任到分享真相的程度。

和其他人一样，玛丽也画了一张雷达图，这张图其实并没有反映她的真实情况，更像是她为了达到团队的期望所画。她不敢跟团队分享真实的想法，因为那些想法并不会帮她在克丽斯汀和团队其他成员那赢得加分。从她的雷达图中可以看出，她将团队的利益放在第一位，但是，事实上，她更在乎她自己，尤其是在道格因为更在乎自己而受到大家的指责之后，她更不敢说实话了。**管他呢**，她心想。人生就是这样，你得为自己打算。把自己的利益放在第一位总能帮她获得成功。

玛丽一直记得父亲曾说过的话："如果你想成为最优秀的人,你得为自己谋出路,因为没有别人会帮你。"这么多年,玛丽一直铭记着父亲的话："不论在什么情况下,你都要争做第一名。"她现在仿佛还能听见他在这样说。

她现在已经31岁了,可是她梦想的升职什么时候才会实现呢?她的私人飞机在哪儿呢?她的玛莎拉蒂(车名)什么时候才能买得起呢?她什么时候才能去法国南部旅行,去英国购物呢?她别无他想,只想尽快混入上流阶层。

但是应该如何做呢?她的朋友蕾妮是怎么做到的呢?玛丽经常听蕾妮说她在欧洲当执行官的事情。她去的那些地方玛丽想都不敢想。蕾妮的命太好了,她有一个理想的工作,这个工作给她带来很多福利,她还有自己的司机,当她想去阿尔卑斯山脚度假时,司机就会来接她。剩下的时间,她可以公费在欧洲到处转转。这种生活是多么浪漫啊,这就是执行官的生活。

玛丽也想这样,她也想成为一个精英;她也想登上权力的顶峰,为了实现这个梦想,她可以不顾一切,她只是不知道如何实现。

当她的注意力再次回到团队中时,她意识到有几个想法她即使和盘托出,也不会伤害到其他人的感情;她相信她自己,也相信她的领导克丽斯汀。玛丽认为以她优秀的沟通技巧,即使她说出了她的心声,她也能把话说得很漂亮。这些问题,她说出来也不会惹恼其他人。

Chapter 3 初定阵容

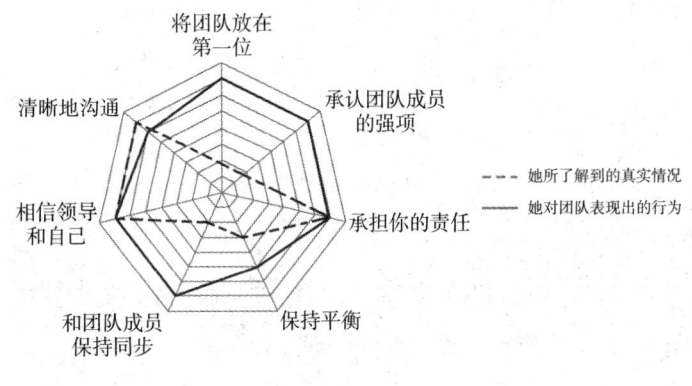

玛丽的雷达图

玛丽在她的雷达图上圈了一些比较中庸的答案,这样看起来比较正常。**我敢肯定没有时间仔细研究我们每个人的雷达图的。**她心想。事实确实如此,整个团队开始研究正确的座位次序,以发挥出他们最大的能量。他们几乎没有关注每个人的雷达图,也没能获取这些雷达图可能提供的信息。

◎ 抢夺位置

尽管座位描述很容易理解,选择座位却很难。讨论刚开始的时候,奇普就表明态度,他想要那个"领导"的位置,也就是8号座位。和往常一样,没有人想同他争论,因为以前每次和他争论,必将以失败告终。于是只剩下7个座位和另一个领导位置,而那个领导位置应该是属于克丽斯汀的,虽然她为了更多地听取团队成员的意见,什么都没说,但是大家都认为这个位子非她莫属。座位3、4、5、6属于小艇上的"重地",而6号座位处于

[40]

"重地"最前方,因此这个座位也成了大家觊觎之地。船首的 1 号座位和 2 号座位需要保持平衡,没什么实际作用,因此没有人愿意选它们。

在大家讨论的时候,克丽斯汀收到一条短信息,走出了房间。

几分钟后,安吉拉让大家走到白板前,把自己的名字写在自己最适合的位置旁。他们是这样写的:

船长

座位 8(划手)　　奇普、玛丽

座位 7

座位 6　　　　　　提姆、南希、戴夫、道格

座位 5　　　　　　彼得

座位 4

座位 3

座位 2

座位 1(船首)

看到结果后,奇普站起来说:"哇,看起来好多人都看中同一个位置呀! 但是这样是不行的,那么我们就先从这些座位说起吧。"

接下来的几分钟内,他极力说服大家让他坐 8 号位置,而让玛丽去 6 号位置,让戴夫去 7 号位置。

Chapter 3 初定阵容

玛丽很沮丧。她超想要 8 号座位,她想当那个领导艇队的人。为了这次户外培训,她花了好长时间研究,认认真真地搞清楚了真正的奥林匹克运动员是怎么划艇的。而且过去的 3 个星期中,她每天晚上都去健身房的划船器上练习,这样她就可以为她的同事们做示范了。现在看来,她的机会很渺茫;她得去 6 号座位了。奇普又赢了她。**我应该去当划手的**,她心想,**他们根本不知道我有多厉害。**

在那之后,大家都沉默了。奇普控制了整个场面,并将大家安排到对他自己最有利的位置。

[42]

◎ 小结和核心概念

◆ 描绘出团队的优劣势可以为团队以后的工作建立基础,有助于弄清楚团队是否具备完成任务所需的必要资源。

◆ 如果有很多人抢同一个位置,或有的位置没人要,那么团队需要正视这些冲突和空缺,这样可以有针对性地解决它们,并帮助团队保持平衡。

第四章 初生矛盾

等克丽斯汀回到房间时,安吉拉公布了最后的阵容。当克丽斯汀看向白板的时候,她几乎不敢相信她的眼睛。他们竟然把她放在了4号座位上。她不明白她为什么会在那里,而不是在8号划手位置。不管怎么说,她也是团队的领导啊,那个领导的位置难道不应该是她的吗?

当她出去接电话的时候,她满心以为自己会得到领导的那个位置。现在太尴尬了,一开始是她提出来参加这个活动的,但她现在讨厌这个活动,讨厌他们给她安排的这个位置。她感到被背叛了,却又时刻提醒自己不能在这个时候掉链子。

克丽斯汀的脑子乱极了,一方面,她知道团队的成员喜欢她;但另一方面,她又不确定团队成员是否知道她付出了多少。也许他们并不知道她为他们争取了多少利益,也许他们也不知道这些工作难度有多大。也许奇普把自己当成了一个新领导了。

克丽斯汀知道自己之所以能得到现在的职位是因为她有原则,有较强的领导能力和胜任力,问题是她真的能胜任吗?在她跟团队最初的几次会议中，奇普就在好几个问题上挑战了她。她和奇普对未来应该怎么做的看法似乎大相径庭。但是不管怎么说，他都是她的下属，她总归是他的上级。

但是现在，她并不觉得自己像一个领导。她不断告诉自己要冷静，并努力将思想集中在游戏上。一切都会好的，而且这并非只关乎她一人，也关系到整个团队。**好好地参加这项运动**，她告诉自己，你不一定要从前面引领团队，你也可以从后面支持团队。

◎选定座位

奇普开始侃侃而谈，向大家解释为什么每个人应该坐在他安排的位置上。他重点强调了船头的领导性作用，其次是中间段位置和船尾的重要性。

虽然没有明说，但能看出来奇普认为最后两个座位没什么用，他把道格和新来的彼得放在了那两个位置上。奇普把戴夫放在了7号座位上，尽管这并不是最适合他的位置。这主要是由于上个星期戴夫在背后中伤了他，因此奇普想让戴夫永远就坐在他身后，让他永远没法超过自己。

运动健将南希本应该被安排在划手的位置或者是7号位置上的，但是奇普不想让她坐在自己的身后，因为这样她就能很容易看出自己的不足了。奇普将她编排到"重地"的最后一个位置，就在道格的旁边。这可能会给她带来大麻烦，因为等到运动开始的时候，道格可能一点也不配合，到时候她会抓狂的。

Chapter 4 初生矛盾

但是南希对这个座位安排并无异议,她认为这样方便观察前面的人表现如何,以便及时给予大家鼓励,当看到他们没和划手与 7 号座位同步时,也方便指出来。彼得由于新加入这个团队,不方便发表什么意见,只能默默接受,这正合奇普之意。

在陈述快要结束的时候,奇普问大家是否有反对意见,没有人说话,就连克丽斯汀和玛丽也没说话。下面是最终的队形安排:

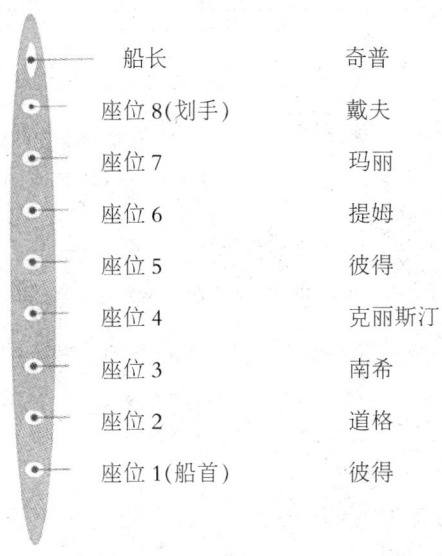

船长	奇普
座位8(划手)	戴夫
座位7	玛丽
座位6	提姆
座位5	彼得
座位4	克丽斯汀
座位3	南希
座位2	道格
座位1(船首)	彼得

安吉拉想看看大家对于奇普的安排做出何种反应,但大家都沉默着,于是她问道:"你们喜欢这个安排吗?"

"那必然呀,"奇普看了一眼整个团队,自信地说,很明显奇普在分工时,想当然地认为赛艇上有些座位比其他座位更有用。安吉拉停了一下说道:"看来是时候介绍水手的第二条秘诀了。"

2 人人具有平等的价值

"对于整个团队来说,重视、看重每个人的价值是非常有必要的,这样才能更好地利用他们的优势,让团队发挥出最高的水平,"她接着解释道:"每个位置都具有特定的作用,只有当每个座位上的水手都发挥出自己最大的价值时,团队才会赢得胜利。"一些人似乎明白了什么,但还是没有人说话。

她问道:"现在的座位是最好的安排吗?每个人的优势都发挥出来了吗?"每个人都点点头,尽管他们看起来并不确定。安吉拉却认为他们在选择座位时,没有充分考虑到各自的强项,似乎大家只想赶快结束讨论,好早点开始活动而已。

安吉拉没有听到任何关于座位安排的异议。**很明显,这个团队需要帮助,安吉拉想,这个真的是最好的安排吗?他们在选择座位的时候考虑到扬长避短了吗?肯定没有,但是不管怎么说,这是他们的赛艇,他们知道怎么去划。**

事实上,克丽斯汀和玛丽都想要划手或 7 号位置,南希则更希望是由克丽斯汀或别的人来领导团队,而不是奇普。戴夫对他的座位倒是比较满意,他原先希望在"重地"中找个位置,并不想当这么一个小领导,但是现在这样也好,他比较擅长运动,可以让他有机会为团队做点什么。

彼得觉得自己是个新人不好多说什么,于是他一直没有发表什么意见,但心里却觉得奇普有点儿欺负人。道格原来选择

Chapter 4 初生矛盾

了 6 号座位,他不想别人认为自己想偷懒,当他看到奇普将自己安排在 2 号座位,就坐在南希后面时,他心里暗暗高兴,因为南希比较强壮,可以带着他,这样他也不用出什么力气了。他仍然觉得这个活动太傻了,觉得自己穿着西装划艇很不方便,但是他现在也不好再说什么了。提姆觉得只要被安排在"重地"里,随便哪个位置他都能接受,他只想要一个赛艇中间的位置。

看起来队形已经确定了,所有人只等着开始划艇了。安吉拉等着有人问起谁来掌舵的问题,但是马上都要去船屋见教练了,也没有人想起这个问题。

"好吧,"安吉拉说道,"我猜这就是最后的队形了,那么我们去划艇吧。"

当他们快到船屋的时候,南希突然问道:"那么由谁来掌舵呢?我们还差一个人呢!"

安吉拉微笑着说:"我以为你们忘了这回事呢。我邀请了我的好朋友金加入咱们的团队,她也是一个资深的水手。她这会儿正帮着你们的教练准备你们赛艇呢。我觉得你们一定会喜欢她的,她曾经四次赢得奥林匹克奖牌,她真的是个运动健将。"

[48]

一些成员意识到他们在座位安排上犯了一个大错误,如果他们早点想到还空着一个座位,就可以把她安排在 8 号的位置上,利用她曾是奥运冠军的优势,为大家做个榜样。但是现在太迟了,该划艇了。

◎ 小结和核心概念

水手的秘诀	含义	核心原则
2 人人具有平等的价值。	尊重他人,认可并信任每个人的优势。	认可

◆ 在团队做决定时每个成员都需要在场并积极参与。团队领导可以通过积极倾听,总结要点,澄清问题,征求意见等方式鼓励成员参加决策。同时,领导还要注意排除干扰,比如禁止成员接电话、离开房间、收发邮件等,不能让他们一心二用,要让他们专注于眼下的问题。

◆ 团队的成功有赖于正确地衡量每个人的价值,并发挥出每个人的优势。要想发挥出最大的优势,就要考察团队关于当前任务具有哪些相关知识、技能和经历。如果你们拥有某一领域的专家,那么要最大化地利用上这个资源。

第五章　动手抬船

出现在团队成员眼前的是一艘很漂亮的小艇,小艇的一边用金字写着"波科克赛艇"。大家都敬畏地看着小艇,一动不动。奇普深吸一口气,对戴夫自信地说:"我们可以的!" [51]

戴夫勉强笑了笑,他心里其实很害怕。尽管他看起来又高又壮,但是协调性很差。他暗暗给自己鼓气:**如果奇普可以,那我也可以**。

南希很兴奋,她从接到邮件的那天就开始期待今天的到来,在工作的同时,还可以尝试一种新的运动,岂不妙哉?

安吉拉观察着大家脸上复杂的表情,心想是时候把他们交给教练了。就在这时,他们的教练走进了船屋,所有人都看着他。他身高大概有 1.93 米,留着一头浅浅的头发。他看起来很强壮,好像一个人就能抬起整条船。金也跟着进来了。 [53]

"大家好,我是比尔·卡尔松,今天我会担任你们的教练。现在所有人听着,有几件事我得提前说一下,不然你们大家还没有将船拖出船屋、拉到水上时就会受伤。这就涉及水手的第三条秘诀:

3 承担你的责任

"这小艇重达200余斤,你们在搬运它的时候,注意要让重量平均地分布到每个人身上,不能因为有人没有尽自己的一份力而伤到别人,"他继续说道,"所以,在将船拉出船屋,放到水上的过程中,我需要你们百分之百地集中注意力。金会喊一些口令,帮助你们更像团队一样工作。在你们提交的阵容表上,你们把金放在了船长的位置。"

当听到自己被安排去掌舵时,安吉拉注意到金脸上意外的表情。她既聪明又有经验,应该安排她去帮大家划船的。虽然他们没有发挥出金最大的优势,让她作为水手给大家一个榜样,但是金自己对座位安排是没有意见的,她一点也不介意当一个船长,这样一来,至少团队有一个了解情况的领导。

◎ 重要口令

接下来的几分钟,比尔向大家介绍了一些将船安全抬入水中所需要的口令。

◆ **报数**:当一切妥当时,从船头至船尾,依次报出座位号,这样船长和教练就知道大家都准备就绪。

◆ **抬手**:将你的手放在船边,准备将它举起来。

◆ **高举过头**:将船高举到头顶。

◆ **分立两边**:移到船的边缘,队员分立到船的左侧和右侧。

◆ **与肩齐平**:将船放到与肩齐平的地方。

Chapter 5 动手抬船

- **走出去**：模仿起重工的样子，将小船抬出船屋，走向码头。

- **高举过头**：将船高举到头顶。

- **走到边缘**：抬着船走到码头边。

- **紧抓船沿，将其翻转，停留至腰处**：紧紧抓住船边，将它翻转过来，举到齐腰处。

- **放入水中**：将船放入水中。

比尔向大家解释每条指令时，金也同步地演示出具体应该怎样做。对于团队来说，这些都是一些新鲜的词汇，他们不确定自己是否能有效执行。

道格一直处于神游状态，当移动船只的时候，他只是心不在焉地看着自己的脚。为了鼓励他，金轻轻地从后面推了他一下，说道："开始吧，同志们，好了就报数。"

大家依次报了座位号，"这样不行，"金喊道："加油呀，大家都要给力呀！"奇普希望大家都能振奋起来，于是他大吼一声："划手！"所幸大家这次都听话了，依次喊出号码："7、6、5、4、3、2、船尾！"

他们总算像点样子了，金心想。

◎ 分担重量

金大喊："抬手！"大家立刻将手放在船上，之后他们抬起船，先高举过头，然后放到肩膀上，慢慢走出船屋，走向水边。他们个头不一样高，因此有些人承担的重量大，有些人承担的小些。

Chapter 5 动手抬船

上个星期,彼得鼻窦炎感染,他现在感觉还是不太好,他一方面担心自己没有足够的体力完成这项运动,同时又不想让大家失望。作为一个新人,这次的活动对他来说有着重要的意义。他也不想让奇普或者其他人讨厌他,也许就是因为奇普不喜欢他才把他安排到最后一个座位,他不想这样的事再发生。

他突然意识到,现在,他有一种被团队其他人隔离的感觉。**奇怪了**,他想,**我正在参加一个团队训练,跟我的同事们将船抬入水中,但是这个时候,我感觉很孤单,其实我在工作中也经常有这样的感觉**。想着想着,他决定先把注意力集中在眼下的任务上,不去想那些烦心事。

[56]

抬船并不像大家想象的那么简单。团队 8 个人需要齐心协力,将船水平地抬出船屋,走下滑坡,到达水边。

滑坡很窄,为了防止船被刮伤,大家只有将船倾向一边,直到走完坡道。道格有时觉得周围人的重量都在他身上了,他不知道别人是不是也这样想,但是他不敢再说什么了,因为他已经因为衣服的事儿引起大家不满了,他不想被看做是个悲观主义者。他仍在等待奇迹出现,能让他不要参加训练,可以去干点别的事。

对其他人来说,所有的一切都是那么陌生,他们现在只能集中注意力,按照指示行动。他们害怕这未知的一切,但又有些兴奋,他们就要学习如何去划一艘奥林匹克赛艇了。当他们慢慢走到码头边缘,将船放入水中时,一种成就感油然而生。

"我们做到了!"他们欢呼起来,"走起!哈哈!"大家都相互

击掌庆祝。所有人都为这份成功感到喜悦,尤其是克丽斯汀。

◎ 小结和核心概念

水手的秘诀	含义	核心原则
3 承担你的责任。	明确并尽到你的责任。	责任

◆ 只要团队成员能相互合作,即使再重的任务也能完成。有时,往往是一些小事会让团队成员有归属感或者隔离感。弄清楚你需要做什么,认可他人的贡献,这些因素都可以帮助团队紧紧地联合在一起,让大家具有更明确的方向感。

第六章　绝不倒退

小船搁浅在水中,乍看上去跟一般的赛艇没什么两样,但一看那船身——约18米长,却只有0.6米,这就比一般的赛艇令人震撼了。道格尽力说服自己,划这样一艘小船应该没那么困难,然而当他站在码头,看着眼前这艘两头尖尖的八人赛艇时,他才真正意识到这艘船是那么狭窄和不稳固,他开始有些不安了。他现在面临的挑战远远超过他最初的想象——这绝不是简单地划艇,也不同于他以前参加过的任何团队建设活动,他将要和其他七个人一起,登上这艘摇晃且又狭长的赛艇了,想到这里,道格不禁担心起来。

◎ 第一只脚

在学习完如何把桨放在桨架上以及如何调整自己的蹬脚板后,队员们马上就该学习如何进入到船里了。

码头上,金站在队伍的旁边,指导着大家应该怎样行动。"当你们踏上这艘船的时候,每个人只能把脚落在一个地方,"

她大声喊道,竭力使自己的声音盖过汽艇的轰鸣,"如果你没有踏在自己特定的位置上,你的脚就可能踏破船底。所以,一定要小心。"

"踏破船底"这几个字把大伙儿都吓呆了。他们以前从没登上过这么脆弱的船。所以当金告诉每个人应该把脚放在什么地方时,所有人都聚精会神地听着,谁也不想毁了这只船。

道格放眼看向湖面,所有的事物似乎都乱成一团。飞机在头顶嗡嗡地盘旋,机动船轰隆着驶过,他觉得有些头痛。他忽然意识到现在已经无路可退,有一瞬间,他想象着如果他就这么逃跑会发生什么。他想转身逃跑,但是两条腿就像深深地扎在了码头上一样,令他寸步难移。

然而玛丽的感受却和道格截然不同。她望着这船,想象着如果他们真正让这艘八人赛艇动起来会是什么感觉。毕竟,她可不想让自己买的全套划船装备白白浪费!

金继续说道:"你们首先要做的是抓好自己的桨,把第一只脚放进船里。每一个队员有一个地方——只有一个——地方来放自己的脚。当我喊'第一只脚,进!'时,你们就要抓住桨杆,将一只脚放到指定的地方,然后把另一只脚移到蹬脚板上,坐下。"这听起来容易,做起来却很难,队员们都担心会弄得一团糟。

整支队伍在船旁一字排开,队员们准备好后,逐一报号。金发出指令,"抓住桨杆,踏进一只脚,另一只脚,坐下。"

太棒了! 就像金指挥的那样,他们一手抓住桨,一脚准确踩在点上,然后转过另一只脚,再用另一只空着的手抓住船舷上缘

Chapter 6 绝不倒退

支撑身体,最后坐下。

过了一会儿,当奇普还在回味着自己和团队刚刚的表现时,提姆却是心有余悸。刚刚他差一点就踏在了错误的地方,要知道,这一错将会使他们损失惨重。之前比尔已经说过,他们现在正在划的这条船的造价超过 30,000 美金。

安全落座之后,他们中的大多数人动都不敢动。他们坐进来之后,船只似乎又狭窄了不少。一切都显得如此陌生:这艘船,这些划船的人,超长的桨,甚至是穿着鞋的脚。大家既兴奋,又有点焦虑。比尔让他们就那样坐几分钟,以适应自己的位置以及和大家一起坐在船里的感觉。

[62]

"非常好!"金宣布道,"现在,你们每个人只需要负责自己手中的那根桨,你们的座椅是会沿着滑轨移动的,所以你们要特别小心,不要让自己的桨撞到前面一个人的背!我们马上准备离岸了,我希望每个人可以集中注意力。任何一个人分神都会坏了大事,你们现在都是拴在一根绳上的蚂蚱。"

◎ 平衡船身

当比尔驾着汽艇追上他们时,队员们都坐在船上等待着进一步的指示了。比尔宣布说:"现在是时候向你们介绍水手的第四条秘诀了。"

4 保持船的平衡

"你们的装备之所以如此设计就是为了让你们发挥它最大

的效能，"比尔告诉队员们，"如果你们正确地使用它，将事半功倍，船就会像天鹅在湖面滑行那样自由；但是如果你没有，就会把自己累得精疲力竭。所以，别和你自己的装备打架。"

"你们要利用手中的桨来让船前进，"他进一步强调道，"你们使用桨的效率将决定你们前进的速度。同时，由于你们的桨是吊在舷外铁架上的，所以，正确地使用它同样也能帮助你们平衡船身。大家调整一下，专注于眼前的事情，这会对整个团队产生巨大影响。另外还有一件事情你们需要牢记，那就是绝对不要松开手中的桨！"

奇普低头看着自己手中的桨。在岸上的时候握住它实在是轻而易举，而现在，坐在湖中的船上，一切似乎不是那么简单了。

比尔又解释说由于他们的座椅是可以移动的，所以在划船的时候可以用腿来助推，这样就调动了身上最强健的肌肉，他补充道："与前一个人协同动作，这一点真的很重要。大家应该竭尽全力地与他人合作，而不是只顾自己的事。这一刻不要想特立独行，那只会坏了大事。"

每个人都聚精会神地听着比尔的指导，一些人开始适应自己的座位了。不过他们还没有开始划呢，他们甚至还没有离开码头。他们只是等待着，心里清楚紧要关头就要到了。比尔解释说离岸之前，他们还会做一些练习，以帮助保持船的平衡。

小结和核心概念

水手的秘诀	含义	核心原则
4 保持平衡	通过对成员和技巧进行合理组合来实现目标。	组织及自我意识

◆ 平衡是保持沉着和稳定的能力,它可以使团队的整体实力更加均衡。当你明白自己的职责,在紧要关头仔细对待,并且和团队步调一致时,达到平衡就是一件很容易的事情。了解你拥有的资源并且知道怎样利用它们是团队成功的关键因素。

◆ 调整自己的状态,专注在做对的事情上,因为小小的改变对整个团队能产生巨大影响。

[64]

第七章 关键时刻

"都准备好了吗?"比尔问道。大家只是面无表情地看着他,一声不吭。比尔不禁笑了,这种紧张的感觉他再熟悉不过了。事实上,每当船第一次离开码头时,新船员们都会经历这样一种心神不宁。 [65]

比尔开始给他们一些最后的指导,现在就连奇普和玛丽都不再像之前一样自信满满了。"好了,金,准备好了就让他们报数吧,然后你们就可以撑船离岸了。"

不,道格在心里喊着,**不要,我想待在陆地上!** 当然,没有人听到他的请求,此时此刻没有人知道其他人心里在想些什么。开船的时刻到了。 [66]

当船安全地离开码头滑行而去的时候,所有的队员才明白现在他们真的在**同一条船**上了,这还是这么长时间以来的第一次。他们有些不习惯,因为以前他们都只在自己的地方做自己的工作,很少关心团队里的其他人。然而现在,为了取得成功,他们必须被拧在一起。在这个特殊的时刻,大家忽然懂得,每一个座位都具有相同的价值。克丽斯汀感觉到,从他们一起把船撑离码头那一刻起,一些微妙的变化发生了。这会不会是她的错觉呢?

她希望其他的人也能像她一样,意识到自己对身边的人负有责任。她觉得每个人都应该知道这是一种怎样的感觉,因为他们有对家人、对朋友的责任,但是他们有想到过自己对工作团队的责任吗?他们关心团队的利益吗?他们怎样看待彼此?她希望通过这次经历,他们能好好想想这些问题。

◎ 湖面上

这个炎热的夏季,时不时可以看到许多游艇,横跨联合湖,驶向普吉湾。然而,大家无心欣赏沿途优美的风景,所有人的目光都集中在眼前这个任务上,就连沿途的西雅图、风景和太空针塔①都无心欣赏。一架飞机越过水面的声音,让人觉得有些焦躁。

他们要进行的第一项训练是让左舷的队员抬起自己的手,同时右舷的队员放下自己的手。比尔说如果他们想要弄明白怎样一起保持船的平衡的话,这项训练必不可少。但是训练的时候船时不时地突然偏向一边,大多数队员都担心自己会掉进湖里。不过,出于对比尔的信任,所有的人都坚持这样做着。

随后,他们互换角色,右舷的抬起手,左舷的相对把手放低。

---

① 注:太空针塔是美国西北太平洋地区的一座主要地标,位在华盛顿州西雅图市的市中心区。——译者注

他们不断抬起手，放下手，船剧烈地摇晃了几下。一两分钟后，船开始恢复平衡，团队成员们好不容易获得了对船的控制感。

没过一会儿，大家就意识到真要把船弄翻也不是一件容易的事情。比尔解释道，每艘8人赛艇各有8支长于3.6米的桨伸展在其两侧，就像一个巨大的水上滑行器。这样的解释让大伙得到了片刻安慰。

在第二项训练中，他们伸出手臂，使桨平行于水面，然后在滑道上上下滑动，大家同步地移动自己的座位，以免戳到前面的队员的背。

每个人都做得恰到好处。他们终于拾起了一点信心。

◎ 划动船桨

现在是大家要开始学习划桨的关键步骤了。比尔说他们的训练将以双人划桨开始：首先是尾桨手和7号座位上的队员，然后分别是6号和5号，4号和3号，2号和前桨手。当大家掌握了双人划桨之后，就会按照计划进入四人划桨，然后是六人，最后所有的八个队员一起。训练时，没有划桨的那些人要注意保持船的平衡，从而让正在划桨的人可以轻松一点。

首先是第一组，8号座位的奇普和7号座位的戴夫，他们正在努力学习基本的划桨方法，其他6位队友则把他们的桨平放在水面上，以帮助赛艇平衡。划桨技巧本身学习起来没有那么困难，问题是，当你坐在会移动的座椅上学习这些技巧时，难度就明显增大了。

Chapter 7 关键时刻

奇普是组长,他来决定两人划桨的步调。戴夫的前面是奇普,后面是玛丽,这会儿,她正把桨平放在水面上帮助保持船身平衡。戴夫努力划动手中的桨,和奇普步调一致地移动座椅,同时,他还密切关注着玛丽手中的桨,以防碰到它,打破船的平衡。

大家很快发现,双人划桨相对来说还是容易的。尽管奇普上移座椅的频率有些快,使得戴夫很难跟上,但他们还算是开了一个好头。金正对奇普坐着,她及时指出了奇普的这个问题。奇普照她的意见改正后,立马就见效了。他们这一组的努力很快就有了回报。他们成功地移动了这艘船,并且感觉还不错。

玛丽和提姆也做得非常好。因为在这次活动之前,玛丽不仅学习过划桨的方法,并且过去几周她还在健身俱乐部的划桨器上接受过训练。况且,他们两个在接受指导时都很专心,从奇普和戴夫的示范中也学习到不少。再一次,船成功地移动了。

南希和克丽斯汀是绝佳搭档,她们步调一致,尽量不让动作幅度过大,以免弄得自己精疲力竭。在她们的努力下,船在水面上平稳地前进着,一切有条不紊,大家渐渐适应了这项训练。

但是道格和彼得就没这么幸运了,轮到他们俩的时候,队伍开始对长时间保持船的平衡感到有些厌倦了。奇普开始做起了白日梦,想着那个周末和他弟弟的钓鱼之旅。克丽斯汀正在想着她的晚餐演讲,而提姆则在为给他的妻子买什么生日礼物而犯愁呢。

其他队员也没有集中注意力。他们都陷在各自的思绪里,他们就这样付出了代价。当道格和彼得开始学习最先的几种划

[70]

桨技巧时,船突然向一边倾斜,道格"啊"的一声尖叫出来。与此同时,彼得停止了一切的动作,手悬在空中,而道格却继续划着桨,于是他的背猛地撞上了彼得的桨柄。

"嗷!"道格尖叫着,"不要用你的桨撞我!"

"我没有撞你,"彼得回答道,"你自己撞上了我的桨。"

道格有点搞不清状况了。他们都面朝前方坐着,所以他没法看到后面的彼得,更没有意识到彼得已经没有划桨了。全船休息的时候到了,天空乌云滚滚,狂风激荡着湖面。

"你们的每一个行为都会影响到其他人,"当比尔驾着机动船赶上他们时,他提醒着这支队伍。"只有大家一起协调配合,船才能保持平衡,所以你们一定要密切关注发生在自己周围的一切。"

"记住,水手的第一条秘诀就是**总是做对团队最有益的事**。我知道你们中间有人对平衡船身这件事情感到厌倦了,但是在继续下一项之前,我们还有一对队员没有完成训练,所以,让我们都集中精力保持船的平衡,以便这两个水手可以有机会学习怎么划桨。大家能做到吗?"

大家都用心领会了比尔的话,几次努力之后,全体船员终于可以做到同步行动了,他们恢复了船的平衡,这样,彼得和道格学习划桨就没有那么费劲儿了。显然,团队合作,对每个人都更有利。

Chapter 7 关键时刻

◎ 小结和核心概念

◆ 轻型赛艇的设计只为一个目标——速度。不到 0.6 米的宽度使得它看起来十分不稳固,但是,经年累月的数据和计算机模型证明它确实是一款又快又稳的理想赛艇。要想让一支船队具有强大的力量,除了技术外,还要学会将正确的队员放在正确的位置上。

◆ 没有轮到你的时候,你仍然需要专注于自己的团队角色,以确保其他队员工作的时候,船是平衡的。

第八章 后退一步

双人划桨的练习让每个队员在只用顾及一个人的情况下学习了基本的划桨技巧。现在则应该让大家进入下一阶段:四人同划。 [73]

比尔的快艇呼啸而来,恰好停在船舷的一边,他喊道:"好啦,让我们继续吧!这次从船尾的四个座位开始:8、7、6和5。"

刚开始,由于太过自信,船尾的四个人划得太快了,结果导致了一片混乱。桨到处乱飞,船在水面打转。

"稳住!"金迅速喊叫道,同时命令他们把船停下来。但是在船首的四个人不太明白她是对整队人说的还是只是对船尾的四个人说的,于是,他们继续努力保持船的平衡,而不是帮助船尾的四个人把船停下来。更糟糕的是,船尾的四人一时想不起来停船需要做些什么,好一会儿工夫他们才让船彻底地停下来。 [74]

船终于停下来了,金命令道:"原地休息!"她本意是想让每个人保持自己的桨平放在水面上,放松自己。悲剧的是,两个队员忘记了自己还承担着保持船身平衡的职责,松开了自己的桨。突然间,小船向一边倾斜而去,大家感觉自己好像马上就要掉进湖里了。

"平衡船身!"金用使出最大的力气吼道,听得出来她十分恼火。那两个队员重新抓住自己的桨,其他队员也立刻把自己的桨放到了水面上。他们的努力马上就见效了,他们重新控制了这条船。

[75]　头顶的天空暗下去了,比尔感到南面的风更猛烈了一些。他心想:希望这不是一个坏兆头吧!

◎ 重组

"听着,这是你们的船,由你们决定要怎么划,怎么平衡。我不想今天一整天就全耗在湖里。所以,当我们休息的时候,你们每个人仍需要负责好自己的桨来保持船的平衡。无论如何,绝对不要让手离开自己的桨。"

每个人都看出金有些生气了。虽然他们很快就纠正了自己的错误,但是几个队员还是为此感到有些内疚。道格愣愣地坐在那里,当以为船要翻时,他马上放开了手中的桨,紧紧抓住船舷,一心只想自救,是他把整个团队弄散了。但神奇之处在于,一旦他听从金的话,重新抓住自己的桨,船马上就稳定下来了,整个团队也安全了。

一阵强风刮过湖面,船摇晃起来。比尔开始有些担忧,如果天气持续恶劣下去,这些人真的很难把船划回码头,尽管他们之中的一些人以前参加过水上运动,但是划船是不一样的。另一方面,他也希望金没有因为船员的注意力涣散而太过生气或担忧。

事实上,金并不担忧,她知道,没有集中注意力而放开了手中的桨是开始学会划桨的必经阶段。

就在所有队员都静坐着等待比尔给他们加油鼓气时,金回想起了自己第一次划船时候的情景,那时她几乎把所有事情都弄砸了。于是,她微微笑了,不由自主地有些同情这支队伍。

比尔驾着汽艇追了上来,"大家伙儿,情况怎么样了?"

克丽斯汀一口气说道:"尽管这比我最初所想的要难,但是我觉得我们做得还不错。有太多东西需要整合——手臂、背、腿,我们要和坐前面的那个人一致地划动,把桨一起放入水中,保持我们手的齐平,平衡船身,还要应付一系列陌生的命令。要同时把这些协调起来不是一件容易的事,我不知道应该把注意力放在哪件事情上。"

她说得太好了,所有人都表示同意,甚至奇普和道格。

◎保持同步

"听起来你们有一点不知所措,"比尔回答道,"你们需要了解自己团队的速度,要知道掌握合适的时机可以解决许多的问题。正好,现在我们可以介绍水手的下一条秘诀。"

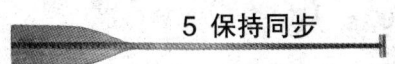
5 保持同步

"保持同步要求大家掌握时机,同时努力提高团队效率,只有这样,你们才不会白费力气,把自己搞得精疲力竭,"比尔解释道,他的小艇在水面上颠簸着。"这意味着要同时在座位上上下移动,同时把桨伸入水中,使用相同力度划桨,再同时把桨拉出水面,回复原位,为下一次的划桨做准备——所有的一切要像一个整体。"比尔说得似乎挺容易,但真正要做起来就难多了。

接下来,比尔详细地向大家说明了每个人应该做的事情,又进一步强调同时划桨的重要性,然后他决定让船尾的四个人先训练。起初船摇晃得很厉害,但大家很快就控制住了。

之后就轮到了船头的四个人了,他们很容易地就通过了这项训练,全都志得意满。克丽斯汀十分高兴,因为她发现4号座位也是一个领导位置,至少她是船头四人组的组长。

接着,队员们开始在划桨时加上腿部和背部的力量,金负责喊口号,船尾四人和船头四人都划得很好。他们每一轮划十次桨,船头四人和船尾四人不断交替。在一次次的成功之后,大家总算感觉好了些,自信心也开始有所恢复。

金突然命令道:"接下来的两桨,只由船尾的两人和船头的两人划,中间的6、5、4和3号负责平衡船身。只要船尾和船头的人划。"当队伍挣扎着要完成这个配合的时候,船稍微有些摇晃,但很快他们就成功地划了起来。他们感到自豪,一些人咧着嘴笑了,包括穿着西装早已汗流浃背的道格。

就在大家真正自信满满的时候,金又发出了命令:"好的,下面两桨我们来让船尾两人和船头两人平衡船身,6,5,4和3号一起划桨。6,5,4,3,划!"他们这样转换着,精准得就像手表

Chapter 8 后退一步

里的齿轮。有人忍不住欢呼起来:"哇,我们做到了!"

每个队员的脸上都洋溢着微笑。比尔也很高兴,这说明后退一小步却会让团队前进一大步。

"好吧,是时候开始六人同划了,"比尔命令道。"接下来两轮,船尾的六个人一起划,只用手臂,船头的两个人平衡船身。船尾六人,划,船头两人;平衡!"

如果团队成员都按照比尔的指示做了,那效果一定非常棒。但是其中一些队员还沉浸在成功的喜悦中,忽略了"只用手臂"这项命令。于是,他们的桨直接撞上了前面那人的背。

"嗷!"奇普尖叫着。船停了。

"对不起,"戴夫轻声咕哝着,"我忘了我们现在是在做什么。"

金即时插话。"我没有让谁停止划桨,让我们振作起来。只用手臂,船尾六人,开始划吧!"

他们立刻重新开始了,只是这次有人手臂动得太快了,有人的桨根本没有划到水。"让我们集中注意力,无论划桨还是平衡船身,"金指导着,"调整自己,团队合作,你们能行的!"她大声喊道。

他们确实做到了。不久之后,他们就可以从船尾到船头六个人一组,十桨十桨地轮流划了,并且能将手臂、背部和腿协调配合。这感觉真的很好,两个人平衡船身,其他人划桨。这是平衡和力量的完美结合。

克丽斯汀一边留心着自己手中的工作,一边思考着"倒退

[78]

一步"的经历。她心里明白对她的团队而言,这个经历更加珍贵。

[79]　　在团队要开始尝试八人同划之前,金让大家先休息一会儿。一听见这个命令,大家立刻猛地把桨叶插进了水里,给船来了个"急刹车"。随着船轻柔地在湖面荡漾,他们欢笑着度过了一段水上时光。他们马上就要面对"八人同划"的挑战,但是他们对这件事到底有多难还一点概念都没有。

◎ 小结和核心概念

水手的秘诀	含义	核心原则
5 保持同步	时机就是一切。要意识到你做的每一件事都会影响到其他人。要知道自己和别人的频率。	情境意识

◆ 保持同步要求学会掌握时机,同时努力提高团队效率。它是平衡和力量的完美结合。

◆ 团队合作并不总是凭直觉。它需要理解和学习正确的技巧,并依靠所有团队成员的操练和完善。

◆ 你的角色,或者其他人的角色对整体的成功是至关重要的。团队依赖于每一个成员担负起自己的职责。每一件你做或不做的事都会影响到其他人。做好自己的事是团队获得成功的重要保证。

第九章　拨云见日

休息途中,金向队员们解释说,接下来他们将要一边划桨,一边靠自己来保持船的平衡。大家都能懂金的意思,因为刚刚的经历使他们明白划桨的人越多,平衡船身和保持同步也越难。大家不免有些紧张,因为他们已经在水面上待了一个半小时,都有些乏了,不知道自己还能不能应付得了。 [81]

正当他们准备好迎接这最后一项挑战的时候,太阳破云而出。金抬头看着天空,说:"看见了吗?这是一个好征兆。我知道你们中间的一些人很紧张,但是你们一直做得很好,我相信你们一定能行。"

听着金激励人心的话,比尔心想,也许他不用再多说什么了,金已经说得很到位了。队伍已经做好准备,"八人同划"的时刻来了。 [82]

开始之前,比尔问他们是想先只用手臂划,稍后再加入腿部和背部的动作,还是想一开始就全速划动。大家都累了,所以都选择了后一个提议。

"你们确定吗?"比尔询问道。"你们以前没有尝试过这种方法哦。"他们似乎还没有从自己的错误中汲取教训。比尔心想,没错,"八人同划"是很令人兴奋,但是他们错误地以为自己可以跟录像带里的那些水手一样,完全没有意识到那背后的思考和努力。

"我们能行的,"玛丽回答,"让我们开始吧!"

道格也大喊:"是呀,快点开始吧,我都饿死了!"

道格心里一直在责备自己毫无准备地就来了,他告诫自己,即使不想参加,下次活动的时候他也一定要带好合适的衣服。大家都有些饿了,但这会儿还是静静地等待着比尔的指示。

◎ 各干各的

比尔向金点点头,"那好吧,所有人做好划桨的准备,"金说,她顿了一下,等大家进入状态,然后她自己抓紧船舷上缘,大喊:"预备……划!"

由于没人专门负责注意保持船的平衡,船肆意摇晃起来,水花四溅。金用尽力气大叫道:"稳住船!"

他们手忙脚乱地将自己的桨插入水中,好不容易才把船停了下来。一时间,大家都不知道还能做些什么,只能静静地坐着,等待指示。

比尔驾着汽艇到了他们的旁边,"你们都在各干各的,这不行。"他大叫着,努力让声音压过从头顶掠过的水上飞机。"面对困境时,你们有两个选择:要么同心协力,要么各顾各的、拆散团队,你们自己决定。"

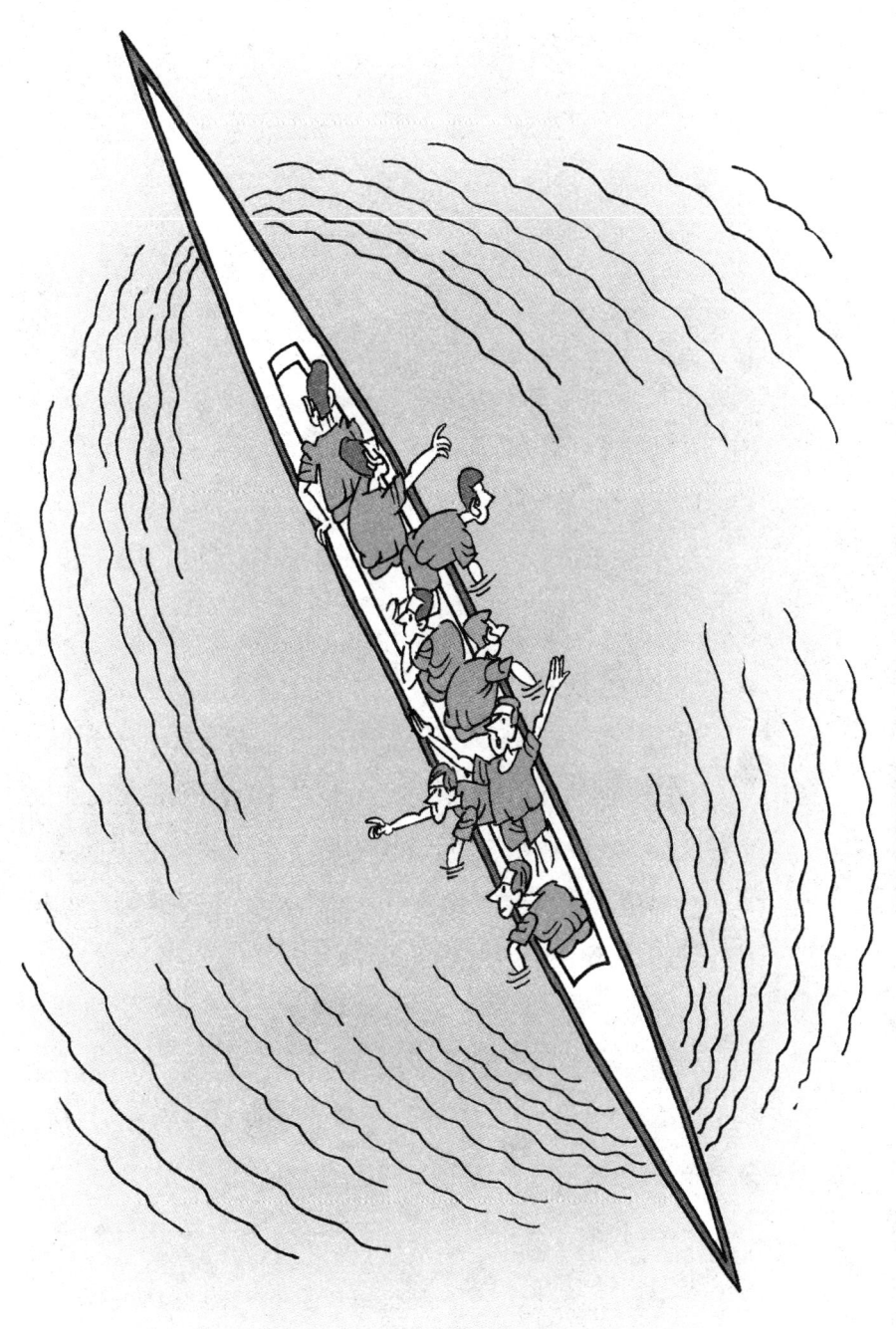

比尔说的没错,他们都各顾各的,没有作为一个团队在行动,这正是船会失控的原因。事实上,在船上的经历正反映了他们平时工作的情况。

"你们得团结起来,抱成一团。"比尔补充道。他们中大多数人都没有融入团队中,甚至从没有体验过那样一种感觉。

然而,南希知道,她记得之前双人同划的感觉是多么美妙,有几次他们配合地那么协调,以至于他们就像是合为一体了,她完全明白比尔说的是什么。

所有人越来越累,也越来越饿,是时候划船回库了。

◎ 以身作则

事情并不总按预期的轨迹发展,他们的这次冒险之旅开始时,天空阴云密布,湖面却很平静。现在,阳光普照,但是湖水却开始汹涌。道格开始抱怨起天气太热。

"谁叫你穿西装的?"南希严厉地对他说。道格感到有些内疚。他知道自己让团队失望了。

"但是户外的确很热。"奇普嘀咕着。

"确实是这样的。"提姆说道。

"可能是有些热,湖面也没有刚开始那么平静了,但是我们必须保持注意,把船弄回船库。"金提醒着他们。

"坐好!准备!"金大喊着。大家立刻端坐在自己的座位上,等待着下一个命令。"划!"

当他们再次开划的时候,桨还是四处乱飞。比尔让他们停下船，自己则驾着汽艇赶上来，他忍不住笑了："事情进展得不是很顺利呀，我想我们该学习水手的下一条秘诀了。"

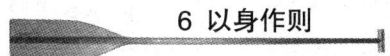
6 以身作则

尽管比尔的微笑让大家没那么尴尬，但是每个人都心知肚明，事情何止是进展不顺，简直是没有任何进展，所有人都期待着比尔的解释。

[ ]"在我的船里，我能从第三方视角去观察大家，"他告诉团队，"我可以看到你们整个船的情况，包括你们每一个人以及前方的水面。你们刚才只顾着掌控好自己手中的桨，根本没关注自己周围究竟发生了什么，你们的视野被限制了。"

是呀，提姆想着，我的确没注意身边的人在做着些什么。我只是觉得他们在做着他们应该做的事，但真实情况是这样吗？我也以为自己是在做着正确的事情，但事实上，我也不确定。

"记得今天早晨安吉拉说过你们所做的每件事都影响他人吗？"比尔问道。"就是这样的，例如奇普一直很努力地要掌握好节奏，但是玛丽的座椅上移总是太快了，一直在推他，他肯定觉得受到了影响。"

就是这样，奇普想着，自从我们开始划船，我就觉得有人一直在推我。

"但是他看不见她在推他，他只能感觉到，"比尔补充道，"提姆把桨拉得太高了，就像是在一个巨大的球面上划桨，而不是水平的桌面上，这搞得克丽斯汀的桨总是会跟他的桨撞在一起。"

不得不承认,比尔又说对了。

"船尾的两个朋友又总是慢半拍,"比尔继续说着:"你们座椅上移慢了,划桨动作慢了。总之,慢、慢、慢!这导致了船的倾斜,尤其是你们两个同时向一边前倾的时候。"

奇普想把"慢"换成"懒",但是他没有说出口。彼得简直想钻到自己的座位下面去。整个早上他都尽力当个透明人,但比尔似乎把他当做爱偷懒的人了。比尔看到彼得脸上的表情,心想大概自己说的可能有些过了。

比尔示意金让队伍重新开划,"所有人都准备开划了。所有人,准备……划!"金大喊道。

◎ 小结和核心概念

水手的秘诀	含义	核心原则
6 以身作则	相信自己,相信队友。一起承担领导的责任。	信任

◆ 绝大多数人以为自己都能按照最初的想法,做得很好,但事实上,我们都会受到他人的影响。要想改变这种现象,就要将所有人的行为协调到一致,而这,需要每个人从自己做起。

◆ 做出小小的调整,集中注意力在对的事情上,就可以对整个团队产生成倍的影响。

第十章　最后一击

"我并不是想过分苛求你们中的任何一人,"比尔告诉团队,"但是你们需要齐心合力把船划回船库。" [89]

这时,克丽斯汀开始思考摆在他们前方的工作。从之前的老板告诉她的信息以及她自己在水面上的经历看来,她所在的团队似乎在面对困境的时候,总是分崩离析。她想,对她来说最大的挑战就是让大家拧成一股绳,团结一致。

"我再教你们几招,"比尔补充道,"把你们的手对焦到你前面那人背上的一点,然后预备划动桨叶时,手就对准那个点向前伸。这样可以保持你们的手处在同一水平上,并且帮助平衡船身。座椅慢点上移,大家注意同时停顿,同时把桨放进水中,同时拿出来。为你后面的人做个榜样,你可以的。" [90]

毫无疑问,团队划桨比大家预料的难多了。提姆和南希总幻想着团队能完美地同步向前,就像一支绝佳的冠军水手团。然而,现实和想象永远差得太远。

当提姆和南希做白日梦的时候,其他人冥思苦想着要怎样才能齐心合力,把船弄回船库。比尔的指导的确有帮助,但是他们还是得自己把船弄回去。他们一直认为自己划得并不差,但现在船就是不听指挥。

比尔说的没错,他们都太关注于自我的表现了,以至于没有关注身边的其他人。对有些人来说,一次协调那么多东西更让这件事难上加难。最重要的是,他们都太累了,连自己划得对不对都没心思管了。但是这一刻,他们开始意识到倘若他们不团结一致,这船哪儿也到不了。

◎背后的桨

全队人都等着比尔下达开划的命令,他们下定决心要齐心协力把船划回去。比尔向金发出开始的信号。

"好的,大家坐好,准备开划……划!"金命令道。

领导这支队伍让奇普有些耗竭了,热辣的太阳炙烤着他,水在船的四周直打旋,奇普几乎快抓不住桨了。但是想到他们有可能会翻船,他把手中的桨抓得更紧了,汗水淌过前额,流进了他的眼睛,他想去擦一下,但又不敢轻举妄动。他努力想集中精神做好它,但是船剧烈地来回晃动着,他感到一阵恶心。

好不容易划出标准的一桨后,戴夫的桨又戳上了他的背。当脊柱的疼痛感袭来的那一刻,奇普意识到自己真的很生气。他一直在压抑着怒火,因为这之前戴夫就已经撞了自己很多次了,奇普开始怀疑他是不是故意的。他恼怒地甩了甩头,使出全力,又划了一桨。

船开始向前移动了,奇普觉得船比之前摇晃得更剧烈了。

他依稀听见教练喊着一些什么,他竖起耳朵尽力听着,但是一辆疾驰而过的机动船淹没了比尔的呼喊。他只能听到自己脑海里有个声音告诉他:要坚持,很快就能结束了。

戴夫感到有些恐惧。他并不是故意要戳奇普的背的,只是他太关注于自己的桨了,就算有东西摆在他面前,他也看不见。他试着想说点什么道歉的话,但是这时教练在大喊着:"不要在船上讲话,保持注意,看着你前面的那个人。"他决定回到码头再跟奇普道歉。

"锚住!停下!"金突然喊道。

收到命令,队员们停下划桨,整齐有序地把桨叶插入水中。船立刻停了,这时他们距离码头只有一两米远了。

◎回到码头

终于可以轻松地休息了,大多数成员对彼此间的合作颇为满意。要知道几小时之前他们还在学习船的部件和专业术语呢,现在他们已经可以掌握教练和尾舵手发出的任何命令了。

奇普再次甩了甩头,似乎一切又恢复正常了。他暗自想着,**哇,这真是奇妙的经历!**

戴夫仍然在为自己用桨戳了奇普的背感到尴尬。毕竟,连他自己都记不清到底撞到过奇普多少次了。在他们起身出船,安全地站在码头上之后,戴夫不由得苦笑起来,想起在一周前的会议上别人说他暗箭伤人,戴夫自嘲地想:**这下好了,现在不管在船上还是工作中,每个人都认为我是背后使坏的人。其实我**

只是太专注于自己做的事情，很少注意到身边的人。

　　每个人脑子里都思绪万千，但现在不是想东想西的时候。他们还得打起精神一起把"小八"弄回船库，大家只有同心协力才可能完成这项工作，把船弄上斜坡放到船屋里面去。

　　船一回到它的位置，每个人都欢呼起来，通过这次划船训练每个人都更了解自己和彼此了。他们不仅共同分享了这种胜利的喜悦，也明白在团队合作方面，他们自己还有很多需要学习的地方。而且，工作的那码子事，可比在湖里划船难多了。

◎ 小结和核心概念

◆ 团队成员必须始终如一地团结合作，聚焦于团队的大目标和自己的职责上。不管你的团队如何变化，你都要找准自己的位置，将团队利益最大化。

第十一章　内部解决

吃中饭的时候,安吉拉给团队成员放映了幻灯片,那是他们今天划船的照片和视频短片。通常这个时候他们都在回邮件或埋头大吃,但是此刻,所有人全都被屏幕上出现的照片吸引了。画面里,他们正努力把船划向前方。 [95]

有些片段很不错,有些则有点糟糕,有些还有点搞笑——他们这才明白比尔之前所描述的是多么精准。一些照片里,船是那么的不平衡,他们完全没有同步行动,看上去船都快翻了。但是,大多数情况下,船还是平稳向前的,至少在大多数的照片里他们看上去还挺像一支训练有素的团队。

戴夫发现,**划船是团队合作的最好写照**,它通过船里的每一个人做好自己的事情来实现。要让每个人都协调配合达到同步真是太难了,最开始,有些人真的不相信他们能做到。但是他们成功了。他们齐心合力驾驭了这艘长达约 18 米,宽仅 0.6 米的奥运赛艇。 [96]

南希心想,我一定把这些照片给我的朋友们看看。

提姆心想,我已经等不及要把这些照片与苏和孩子们分享了,他们一定不会相信这是真的。提姆高兴了好一阵子,把工作上碰到的问题都抛到九霄云外去了。

事实上,每个人都在盘算着要把这些照片给自己的家人和朋友看看。

他们目不转睛地盯着幻灯片,冲着那上面的自己笑着。

安吉拉一直等待着,等大家吃完饭后,她就站到了房间的前面,"在我们继续之前,我想向大家介绍水手秘诀的最后一点:

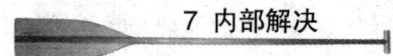

7 内部解决

这意味着发生在这个房间里面的事情,就在房间中解决,不带到外面去。同样,发生在团队里的事情,就让它在团队内部解决。"你们同意这一点吗?"她环视着房间。"好吧,如果你们同意我说的就手拉手站成一圈,说同意。"所有人都站了起来,紧紧地围成一圈,伸出手叠在一起,大喊:"我同意!"

◎ 练习合作

[97]　"一个伟大的赛艇教练吉姆·德茨(Jim Deitz)曾说'赛艇是一项梦想家的运动。只要你参与划动,你就拥有了这个梦想。一旦停止,梦就消逝。'"安吉拉说道。"我把它稍稍改动了一下。这是我的版本:'赛艇是一项梦想家的运动,只有参与到团队合作中,你才能拥有这个梦想。一旦团队合作没有了,梦就破灭了。'只有持续不断的团队努力才能使梦想成真。"

彼得举手了。"怎么,彼得?"安吉拉问道,"你有什么想要说的吗?"

"我有一个问题。"

"说吧。"

"我不懂你为什么一直在说这需要持续不断的努力。你这么说是什么意思?努力又是指努力做什么?"

"问得好,"她回答道。"我的意思是,团队合作需要有目的地付诸努力,并按照水手的秘诀所强调地去做——就像你们学习划船时做的那样,专注做对的事情,和你周围的人保持一致等,这并不是天生就会的事情。团队合作也是如此,它是一种需要学习的技能,你们要不断地练习、练习再练习,直到它变成你的'第二本能'。如果不付出专门的努力,这是不可能的。今天早上你们在录像带里看到的那些水手,他们之所以能完美地驾驭那些船只,是因为他们都经过了多年的训练,他们知道如何好好地划桨,更知道如何好好地一起划桨。这两者有很大区别。"

"那么我们要怎么学习呢?"

"这就是我现在要教给你们的:同意所有事情都在团队内部解决。当然这只是团队合作的第一步,还有其他需要注意的。"

[98]

◎ 告诉外人

"内部解决团队的事务,不仅意味着不在团队之外议论纷纷,同时意味着,如果你对队里的某个人有什么想法,你就应该直接去找他,而不是另外的其他人。这是水手秘诀中最重要的观点之一。"

提姆低下了头,心里嘀咕着,至少对这个团队来说,这不太现实,道格什么事情都会闹到外面去。安吉拉看见提姆的表情,问他是不是有什么想说的。提姆也不是很确定是否应该提起这件事情,但是他还是说道:"在我看来,这一点我们一直都做得不太好。有时候我们没能做到内部解决,出现这种情况时,没有人愿意负这个责任,甚至连承认都不愿意。我们已经习惯在背后议论,而非当面指出了。"

"等一下……"奇普打断道。

"奇普,让他把话说完,"安吉拉说,"提姆,继续。"

"好吧,我并不想说得太具体。上次那件事情发生的时候,克丽斯汀还没到公司来。我只能说这件事涉及团队里的某个人在外面讲我们内部的事,这确实给我们造成了损失。但是也许我们应该放下这件事情,继续向前。我本来也不想提起的。"

"但是你刚刚说没有人愿意承认,是吗?"安吉拉问。

"是,但是……"提姆犹豫着。

"没有但是,"安吉拉说,"我现在告诉你们这一点,是因为这是成功团队的头号杀手。我相信每个人知道外面讲团队内部的事情会毁坏信任,摧毁团队和事业。如果你们在同一个团队,你就必须把所有的事情留在内部,这是你对队友的义务。"

◎ 小结和核心概念

水手的秘诀	含义	核心原则
7 内部解决	清晰诚实地与你的队友沟通。	诚信 主人翁意识

◆ 团队合作,需要有目的地练习。

◆ 团队合作不总是凭直觉。你需要学习相应的技巧,并且和团队一同练习,直到完美。

◆ 在外面讲团队内部的事情是成功团队的头号杀手,它毁坏团队间的信任。如果你对队里的某个人有什么想法,就直接去找他,而不是别人。

第十二章 信口开河

关于责任与内部解决的问题让提姆产生了强烈的共鸣,他完全明白安吉拉说些什么。事实上,最近工作上发生的一个事故让他感到自己的事业陷入了危机。只要一谈到这件事,所有划船带给提姆的乐趣就烟消云散了,剩下的是对失去工作的恐惧。他瘫坐那里,希望自己什么也没有说过。 [101]

"但是如果事情并没有涉及你呢?"玛丽问。

"如果你意识到一件事情和你的队友有关,那它就与你有关了。"安吉拉回答说。

"但是,那不是我的问题,真的和我一点关系也没有。没必要让另一个人掺和进去把事情搞得更复杂。"

"这件事影响到你的团队了吗?" [102]

"嗯,"玛丽答道。

"你知道它吗?"

"知道。"玛丽再次答道。

"你知道之后,特别是当你知道这件事影响到团队之后,你绝对有责任采取行动。每个知道这件事的团队成员都有责任采取行动。主人翁意识并不仅仅是每个人自己不对外议论团队内部的是非,这只是最基本的,真正的主人翁意识需要团队中的每一个人来维持。"

"可是你不能控制别人的行为。"玛丽表示。

"你说得对,玛丽,但是,如果你知道某人把内部的事情带到了外面却没有说出来,你会和那个人一样感到内疚。就像今天在船上的时候,你不可能抓住某人的桨替他划船。但是当你发现有事情不对劲的时候,你可以指出来,帮助解决。你有责任为了团队而这样做。团队里的每个人都是船的主人,每个人都有责任。"

◎ 困难时刻

[103] 团队的大多数人都为之前发生在提姆身上的事感到内疚,特别是那些知道发生了什么、却什么都没做的人。提姆是一个工作达人,他关心自己和团队的工作。当别人需要帮助的时候他总是在那儿,放下自己手里的事来帮助大家。有几次,他甚至与他们共享资源,保证他们赶在最后期限之前完成任务,渡过难关。现在的情况对他来说真的很不公平。

道格开始感到有些紧张。他知道自己就是提姆口中的那个人。是他把团队内部的事情讲出去的,每个人都知道是他。他心想,"拜托,这一切快结束吧!"

"有人想补充点什么吗?"安吉拉问道。所有人都沉默地坐着。

Chapter 12 信口开河

最后，克丽斯汀说话了："我并不十分清楚发生了些什么，[104] 但是我知道安吉拉说的是对的：归结到一点就是信任。如果想一起干一番大事，我们必须彼此信任。"

"说得对，"安吉拉说，"大多数人什么都不做是因为认为采取行动也起不了什么作用。因为他们不相信自己的行为能积极地影响他人。这么说吧，你们认为自己没法带来改变，还是说，你们只是很懒，不想去尝试？

"凭我的经验，努力营造一个积极的企业文化是有意义的。我想你们并非同一天来到这个公司，你们有不同背景，来自不同公司，习惯于不同的团队文化。对于这样一群不同的人，你不可能期待每个人在每个情境有相同的行为。"

"我猜这取决于人的意图，"彼得补充说。"我还不太熟悉每一个人，我假设你们都有好的意图，但是就像我说的，也许我并不真正了解你们。"

"是的，动机和行为密切相关，"安吉拉说。"只有观察他人在充满挑战的情景中如何反应，你才能真正了解这个人。一切顺利时，大家都有良好的行为，出现混乱时，你才能真正看清一个人。

"大多数团队都是这样，如果他们团队是牢固可靠的，困难时期他们就会互相支持，事态也相应稳定下来。反之，就会出现团队最终散伙的情况。这并不容易，需要明确目标，每天操练。"

有了划船的经验，他们都明白她所说的。在情况变得艰难 [105]

时,如果他们各干各的,这反而会让情况更糟了。但是,当他们把精力放在共同合作,而不是做自己的事情或彼此攻击的时候,他们又可以同步了,这根本没有那么困难。

◎误会的发生

安吉拉决定让大家休息一会儿。

道格终于解放了。他一直期待着大家可以丢掉"在外面讲内部的事情"这个话题,继续向前。他可不想让自己的新老板知道关于那件事的更多细节。

那真的是无心之失。季末时,一次道格和一些大学朋友一起吃中饭,他们在公司的另一个部门工作,朋友们很自然问起他工作进展得怎样。道格告诉他们,他跟了几年的老板决定到另一部门工作了。他还告诉他们他不知道团队应该朝哪个方向走下去;团队也不清楚其在IT方面应该如何发展,特别是他们将需要什么样的预算或者他们究竟应该专注于什么。

他还对奇普在会议上故意为难他和其他人的事发了几句牢骚。后来,其中一个人歪曲了他说的话。在他的"朋友"的口中,事情变成了:IT部门找不到重点了,提姆搞不定他的预算,团队里的人普遍缺乏方向感。

事态失控了。由于公司内部一直说要开源节流,加上这件事的影响,部门成员也开始感到了削减IT预算的压力。流言满天飞,有人说提姆要走人了,因为他管理不好自己的部门和预算。道格和提姆都期待着谣言可以随着时间而停息。但事与愿

Chapter 12 信口开河

违,公司里的每个人似乎越来越关注这件事。与此同时,团队里没有一个人认为自己有义务对此做点什么。

休息期间,克丽斯汀把金拉到一旁,问她他们是否应该继续讨论这个话题。安吉拉建议问问团队有没有做好往前走的准备,克丽斯汀同意这应该是由整个团队来决定的。

休息结束后,安吉拉开始说话了:"我们来讨论一下要不要继续向前。"道格长舒了一口气,他终于可以逃离之前的讨论了。安吉拉继续说着:"同意继续向前的人大拇指朝上,不同意的朝下,不确定的朝旁边。"几乎所有人都希望继续前进,房间里到处伸着朝上的大拇指,除了彼得,他还有一个问题想问。

"一般不能跟外人讲团队内部的事,但是有例外吗?"彼得问道。

"没有,"安吉拉回答得很干脆。"即使你的本意只是想解决问题,这样也不行,但是如果整个团队都同意你带另一个人来帮忙,这就另当别论了。"

"这不是一回事吗?"彼得问道。

"不,"安吉拉回答说,"这不一样。当你应整个团队的要求带入一个人时,这个人就肩负了对整个团队的责任。但是你私自做决定时,那个人对整个团队并不负有责任。这也是为什么把内部事务带到外面往往会事与愿违。你随便说几句话,或者

[107]

抱怨点什么,别人不会以为你是在寻求帮助。你的话语可能会被曲解或者篡改——什么事情都可能发生,然后误会出现了,谣传开始了,人们受伤了。"

在这次的事件中,的确有人受到了伤害。她所言非虚,特别是对提姆而言。

◎ 小结和核心概念

◆ 风平浪静的时候,很难展现出各个团队的技术水平。一旦波涛袭来,一个技术精湛的团队就会凭借着他们的经验和技术在竞争中拔得头筹。

◆ 当团队成员犯错时,团队的反应对信任的建立或摧毁有着至关重要的作用。支持行为能促进信任的建立,攻击行为会导致信任的摧毁。只有团队成员在自己的团队里面感到安全,他们才能坦白地承认自己的错误,并且寻求帮助,以便做得更好。

◆ 每一个团队成员都是"这艘船"的一部分,并且对所发生的事负责,采取行动来提高整个团队的成绩是每个人的责任。

第十三章　迎接挑战

戴夫希望能参与到大家的讨论中,于是他问道:"你们不觉得这就像在公交车上坐着对的人吗?"戴夫用了一个前段时间刚学到的概念,他竭力想表现出对当前的问题了然于胸。　[109]

"公交车上对的人?"安吉拉问道,"是什么意思?"

"你想,如果我们的公交车上坐着对的人,那这些事,我是指这些误会,就不会发生了。我们会一起和谐地向前。"戴夫说道,他对自己的回答非常满意。

一些人很同意戴夫的观点,近几个月他们经历各种挑战,听到越来越伤害人的谣言,他们觉得自己就像是坐在一辆公交车里,被动地等待着下件事情的来临。而现在,他们有了一个新的驾驶员——克丽斯汀。　[110]

克丽斯汀不想错失这个机会,她站起来,严肃地说道:"戴夫,我很高兴能听到你发表那个公交车的观点。我选择划船——而不是远足或者打高尔夫——的原因之一在于划船需要每个人的参与。考虑到我们现在面临的种种挑战,我需要在座的每位走下公交车,走进船里。我需要大家一起向着一个方向

划船。"说到这里,她微微停顿,想看看大家有没有在听,有没有被谈话吸引着,有没有理解她的话。

"考虑到公司现在的经济状况以及所面临的竞争对手和挑战,我们需要共同努力来把船划向正确的方向。我们不能等待其他人去做这些,我们必须自己动手。船是属于我们的,并且我希望在座的每个人都能守住自己的座位,抓紧自己的桨。这一点正是我要反复强调的。"克丽斯汀继续说着。

"我们面临这些新挑战,就像是在变化多端的河流里冒险,这途中需要每个人的参与,一起为整艘船出力。你们之前一直在公交车上,现在是时候下车了,登上船,倾尽力气划船。"克丽斯汀再次停下环顾四周,看大家是否跟上她所说的,好在大家都认真听着。

◎ 挑战

彼得确实在考虑着这事。他想起自己以前所待的团队就像拥挤的公交车——人们被招聘进来,但什么都不做,而那些宣称自己会全力投入的人,一遇到艰难的工作,就食言了。他真的明白克丽斯汀在说什么。

安吉拉接着克丽斯汀的思路继续解释说:"在船上,每个人都清楚自己的角色是什么,也知道自己的角色对整个团队的重要性。每个人负责好自己的桨,团结一致,把船朝着正确的方向推进。所有团队成员都知道,自己做什么或不做什么都对团队的成功有巨大影响。"

克丽斯汀和安吉拉关于公交车和船的比喻很形象,每个人都理解了她们的意思。事实确实如此,他们现在更需要登船,而非上一辆公交车。就在两周之前,克丽斯汀的上司明确告诉她说:"你必须把对的人带上车。"但是,也许安吉拉才是对的,考虑到他们面临的挑战,现在根本没有什么公交车。克丽斯汀需要告诉她的上司和同级,他们想做些大事的意图是好的,但他们"把正确的人带上车"的观念却是错误的。

克丽斯汀再次带头说道:"大家都问自己一个问题,我想成为一个公交车乘客还是一个水手?我们知道,划船并不一定适合每一个人。你们准备好接受这个挑战了吗?"她问道,"你们能应付得了吗?"

克丽斯汀环顾房间。她不确定大家的眼神代表什么,一些人点点头,好像他们想做水手。一些人好像是认为她不信任他们,在质疑他们。还有一些人看起来似乎很受震撼。

她该怎样让他们弄明白?而他们又应该怎样努力一起从乘客变成水手?

当克丽斯汀和安吉拉说话的时候,一些人已经意识到前段时间他们表现的就像是一个公交车乘客——无忧无虑地坐在车上,等着某个人来领导他们,把事情摆平。但现在,克丽斯汀的意思很明确,她不想成为那个公交车驾驶员。公司需要的是水手,而不是乘客。他们需要将自己打造成理想团队中完美的一分子,那就是抓住他们的桨并且使尽全力去让船朝着胜利的方向前进。

Chapter 13 迎接挑战

◎ 新的行为方式

奇普坐在那儿用一种赞赏眼光看着克丽斯汀,他被她的领导力所折服,她说的没错。他又想起安吉拉最初说的话——这种经验对他们来说将是全新的,和他们以前经历过的都不一样。事实的确如此,之前从没有人用这种方式挑战过他们。以前他们参加过的场外活动不是远足,就是高尔夫或保龄球。那更像是一种社交活动,而不是真正的团队研讨。他们现在经历的却完全不同,这都要归功于克丽斯汀深思熟虑的谋划。

好吧,我肯定不是一个乘客,奇普想,**我是一个水手,但是,我划的更多的是我自己的船而不是团队的船**。想到这里,他觉得有些过意不去了。过去,他自认为是在帮助领导团队,但是现在他没那么确定了,回想起来,有时他似乎有些专横。也许是他破坏了整个团队的平衡,而湖上的经历使他明白,保持平衡对于维持团队的协调一致有着多么重要的作用!

这次划船经历让他们明白一旦平衡被打破,船的反应是那么迅速——立刻就会慢下来或者停住不动。一般会议进行到这会儿时,奇普应该已经大说特说他的想法了,但这次他很安静,他想再独自思考一会儿,他不只在想他自己的工作,还在想他的下属,想是否也应该让他们来参与这样一个别出心裁的活动。

克丽斯汀坐下等着看有没有人要说些什么,等了一会儿没人发言,安吉拉打破这沉静,问道:"大家这么安静,都在想什么?"

[114]

提姆说话了:"你划船的比方很好,浅显易懂,也实事求是。我们所面临的挑战令人望而生畏,如果我们不同心协力,我们就不能成功。对我个人来说,这是一种新的思考和行为方式。"

"你说得对,提姆,"安吉拉回应道,"这是一种新的行为模式,是一种更成熟的想法。"

是的,从茫然到清醒到前行,玛丽自己心里想着。她已经在好几个团队里待过了,感觉好像总是那么几个人做着大部分工作。有人像闪闪发光的星星,有人像无所事事的懒虫。她喜欢船这个比方,让人的脑海里浮现出一幅团结一致的美好画面。玛丽说道:"我们真的应该充当水手来应对所面临的挑战,仅仅把对的人弄上车是不够的。但是,我们怎样才能创造一个关于水手的文化呢?"

"玛丽,问得好!"安吉拉回答,"那应该从组织的上层开始。还记得水手的第六条秘诀——以身作则吗?所有的一切从你自己开始。作为一个领导团队,你们必须用你对别人的要求来衡量自己,试着每天问自己我所做的是否也是我希望别人做的,那是一个很好的自我审视的方法。"

克丽斯汀对玛丽提出了这么有意义的问题而感到欣慰。玛丽虽然很年轻,但是她也很聪明并且勇于接受挑战。

◎ 小结和核心概念

◆ 团队成功需要一种划船的心态:即每个人知道自己的角色和职责,明白自己对团队成功的重要性,并且积极参与,创

Chapter 13 迎接挑战

造出一个最佳结果。

◆ 改变起源于团队领袖以身作则,表现出组织期望的价值观和行为。切实地参与到这些行动中,并鼓励员工参与到这些行动中,从而教会他们怎样上船和划桨。

第十四章 一丝希望

安吉拉继续带领团队讨论:"我们来做个练习吧,这可能有助于我们搞清现状,现在你们试着画一只或几只船的图画,来代表你们团队的现状。每个人完成后,同团队其他人分享你的画。" [117]

道格迅速开画,并且率先完工。他画了几只船,每一只都驶向不同的方向,并且伴随着各式各样的障碍物漂浮在它们周围。其他人的一些画差不多,黑压压的天空,汹涌的海浪和空荡荡的座位。

奇普用的时间远远多于其他人。他是个画画好手,力求刻画出生动丰富的细节。在他的画中,整个团队置身于同一只船上,天色阴沉昏暗,一个巨大的浪头扑向他们,一只鲨鱼在附近不怀好意地徘徊辗转,不远处是一只拖着救生圈的小船,船员们被挤到了船的中间。 [118]

"那是谁?"南希指着不远处拖着救生圈的小船问道。

"是克丽斯汀,她赶来救我们,"奇普回答道。听到这句话,克丽斯汀意识到奇普刚刚认真听了她所说的话,这种感觉真好,奇普终于把我放在了领导者的位置。

奇普心里很高兴,他正好可以借这个机会向克丽斯汀展示他的忠心。他有点儿后悔,早上,他只想着怎么才能出风头,怎么才能让大家都听命于他,直到安吉拉与大家分享水手的第四条秘诀——把握船的平衡时,他才意识到应该让克丽斯汀来领导团队。在他醒悟过来之后,他突然觉得很尴尬。他多么希望时间可以倒流回分配座位的那一刻,大家可以各就各位,各司其职。

当安吉拉要求大家分享自己的图画时,奇普第一个贡献出自己的作品。

"你的画里只有六个人在船上,"提姆问道,"为什么呢?"

"我认为在我们的船上大家并没有正确搭配,一些人坐在了错误的位置上,"奇普实事求是地说道。

噢,南希想到,你一有机会就想把人踢出局。

玛丽却很高兴他能那么说,她觉得**现在大家就应该互相袒露心迹。**

克丽斯汀等着看其他人会说什么。

提姆紧张极了,他担心自己就是奇普要踢出船的人之一,事实上,这几个月来提姆一直害怕自己会被炒鱿鱼。他暗自懊恼:**我真不应该问这个问题,说不定被踢出局的就有我一个!**

安吉拉在等待着。一片沉默。她意识到眼前这支团队存在着大多数团队的通病,那就是一旦触及敏感或核心的话题,谈话就会陷入僵局。一方面她想听听其他队员会如何介绍自己的

画,一方面她也想检验一下这支团队是不是像他所想的那样,所以她让大家继续分享自己的画。

◎ 礼物

[120] 在所有的分享结束之后,安吉拉知道是时候重提"水手的秘诀"了。她说道:"最好的团队会给团队成员创造一个安全的环境,让他们不会害怕被批评,并敢于提出问题,更重要的是,所有人会团结起来解决这些问题。然而今天我发现,你们害怕提出问题,害怕就真实存在的问题进行讨论。你们更喜欢逃避问题而不是解决问题,不是吗?但是一味地逃避问题有用吗?"

奇普第一个发言,他知道这样他又显得过于强势了,但他认为他将说的内容非常重要:"一点用都没有,但我们真的不知道应该怎样去做。解决问题有时候会伤感情,甚至引发更多的问题,这些问题积存已久,它们几乎已经成为了我们团队的一部分。"

没有人接话,房间顿时陷入沉默。玛丽觉得很无语,奇普每次都是这样,一股脑地把所有话都说完,不给别人一点机会。

"我知道你们的问题在哪儿了,"安吉拉突然喊道,她伸手从包里掏出一个小盒子,"现在你们按船上的顺序排成一排,当你们准备好的时候就报数,就像划船的时候一样,我会放一些东西在你们的手上,我没让你们一起摊开手之前不要私自打开哦!"

[121] 他们都排成了一排,然后报数。

Chapter 14 一丝希望

安吉拉忍不住笑了,每到这个时候她都觉得很好笑。接着,她在每个人手里放了一个小小的东西。分配完之后,安吉拉让他们松手看看。

原来,每个人手中都是一只约 4 厘米高的黄色橡胶小鸡。看着自己手中的小东西,大家都笑了,他们等着安吉拉做进一步解释。

"这是用来提醒大家不要成为一只懦弱的小鸡。下次当你们犹豫该不该讲出一些事情时,拿出你们的小鸡,问问你们自己,是去改变现状还是成为小鸡(胆小鬼)?一切取决于你们了,这可是你们的团队!"

大家都很喜欢自己的小鸡,但奇普和道格是例外。奇普不明白关"小鸡"什么事,而道格则认为给大家一只橡胶小鸡实在是太傻了。他开始幻想着今晚如何把这鸡弹出窗外,但马上他就意识到他自己是在逃避某些东西,也许,这只鸡也没有那么傻。他决定过段时间再看看要不要把它扔了。

安吉拉继续道:"别担心,除了这橡胶小鸡,我还会给你们其他一些工具,去帮助你们更好地接受挑战。"她吊起了大家的胃口,也给他们带来一线希望。不知道她会给些什么工具呢?

[122]

休息时间到了,但是每个人都满心期待着工作坊接下来会安排什么活动。

◎ 小结和核心概念

◆ 关于团队和团队会议的最好状态是,所有与会者都可以促成健康的讨论。这需要大家坦诚地说出自己的看法,认真地倾听别人的意见,努力学会站在别人的角度思考。但是当个体对某个问题涉入很深时,谈得过多就意味着他将自己更多地暴露在整个公司面前,这会使他们很被动。这个时候,个体就需要将私人情感放在一边,聚焦于眼前的问题。

◆ 不要成为小鸡(胆小鬼)。肯·布兰佳写道:"知道接下来应该做什么是智慧,努力完成它就是美德。"面对逆境,只有鼓起勇气,采取行动,你才有可能改变现状。

第十五章　抛开抱怨

休息的时候,玛丽看见南希在外面站着,便决定出去和她一起呼吸一下新鲜空气。　　　　　　　　　　　　　　　　　[123]

"嗨!"

"噢,嗨!玛丽,你感觉怎么样?"

"我觉得还行,只是我越来越不了解咱们的团队了。"

"什么意思?"南希问道。

"我不确定这支团队是否适合我。"

"为什么这么说呢?"南希继续追问。

"在我们的团队中,奇普一直占据着主导地位,以至于其他人都没什么发言权,我觉得这样很不好,我也不想被动地等待情况好转,我得做点什么。

"我有自己的梦想,爸爸常常告诉我一定要成为第一名;他 [124]
说如果自己都不为自己考虑,别人更不会为你考虑。所以我一直努力做到最棒,但我发现总有一些人比我优秀。我有一个朋友叫勒妮,她很牛,她在一家很棒的公司做执行官,总有机会世界各地飞来飞去,而且她总是能搞定所有事,我也希望能像她那样成功。过去,我一直期待团队里的情况能发生改变,但有时候我觉得情况可能并不会发生什么实质性的变化。"

南希回答道:"我认为如果你只是空想,而不采取任何行动的话,那么这支团队确实不适合你。但是,如果你能参与解决这些问题,努力让现状出现好转,一切可能不太一样。站出来,做一些你应该做的事,这也是我准备做的事。"

"你准备……?"玛丽疑惑地问道。

"没错,我准备行动!"南希看着玛丽点了点头,笑着说,"我想成为划船的人,抓紧我的船桨并努力让我的船动起来。而且,玛丽,你知道吗?"

"什么?"

"那就是,我需要你的帮助。你很聪明又充满活力,我相信如果你将你的长处发挥到正确的地方,你和我们的队伍都会前途无限。我有这种直觉。"

看见南希自信满满的样子,玛丽觉得很惊讶,她对南希回笑道:"也许安吉拉应该给'水手的秘诀'加上第八条。"

"是什么呢?"南希问道。

"船中无抱怨。"玛丽开玩笑地回答道。

她们都笑了。南希看着玛丽的时候,她仿佛看到了自己年轻时的模样——一个对自己和同伴要求很高却又缺乏耐心的女孩。南希想起她的父亲也像玛丽的父亲一样告诉过她类似的话。她琢磨着是不是所有的父亲都会告诉自己的女儿要多为自己考虑,因为没有人会为你考虑。

每个人都信赖南希，但是南希却从不依赖其他人，尤其是在工作上，她常常对他们感到失望。他们似乎从不遵守诺言，对她的失望也毫不在意。

在一些项目中，南希觉得她根本没必要花费那么多的精力和大家一起合作。她宁愿自己去完成工作，尽管这样劳民伤财，工作质量也很难得到保证。

然而，今早的活动让她重新燃起了希望，不仅仅是因为他们成功地完成了划船任务，更因为在之后的讨论中，她的同伴们似乎终于要审视团队的问题并开始讨论如何解决了。

玛丽看着陷入深思的南希，她很高兴南希说需要她。南希很睿智，在整个公司里有很高的威望。玛丽相信自己能从她身上学到很多东西。

她们相视而笑，一起走回房间。

◎ 小结和核心概念

◆ 抱怨周围的环境对问题的解决一点帮助也没有。这并不是说我们应该逃避问题或噤声不言，而是员工应该本着解决问题的目的来提出这些问题。在乔恩·戈登的书《不抱怨法则》中，他建议每当团队成员对某个问题抱有怨言时，大家都要同时提出一到两个解决方案。如果你看到团队中有需要改进的地方，不要只是抱怨，与其他人一起去做点什么吧！

第十六章　机遇之窗

还有几小时今天的行程就圆满结束了,团队准备好好利用好这最后的机会。　　[127]

安吉拉带头说道:"接下来,你们将拿到一份自我测试,然后两人一组,结合之前我们介绍的'水手的秘诀'来讨论一下自己的行为。针对'水手的秘诀'中的每一个观点,你们都要讨论自己做得好的地方和不好的地方,讨论完之后,大家回到房间,与团队分享选择其中一个做得好的地方和不好的地方。"

克丽斯汀问道:"你是说,我们所有人都要讨论'秘诀'中的每个点?"

"不是,那样的话,对整个团队来说花费太长时间了,"安吉　　[128]
拉回答道:"每人都只需分享一个做得好的地方和一个不好的地方。比如'水手的秘诀'中的两个观点,承担你的责任和平衡船身。关于承担责任这一点,我做得不好的地方就是当我和金一起合作时,有时候我意识到自己可能无法按时完成工作,但我没有提前告诉她,以至于她常常早已完成她的那部分,并准备好进入下一环节的时候,我还一直找各种借口推迟截止日期。另外,关于平衡船身,我做的不错的地方是,我能意识到自己的能力范围,不像过去好像什么事都要掺和一下。最近,我受邀参加一个会议,尽管我很想去,但是我知道我可能没有时间,所以我拒绝了他们!

"这是一个非常好的例子,现在每个人都知道自己要做什么了吧?"金问道。每个人都点了点头。她继续说:"好,完成自我测试,自己评分,两人分成一组:奇普和彼得,戴夫和道格,玛丽和南希,克丽斯汀和提姆。自己去找一块安静地方讨论,30分钟后回来。"

"你是要我们同其他人分享自我测试的成绩吗?"南希问道。

"不,那没有必要,只是要你们自我检验,从而发现你们的强项和弱势。"安吉拉说道。

[129]

自我评估的问题(每题选一个答案)。	非常同意 [6]	同意 [5]	有点同意 [4]	有点不同意 [3]	不同意 [2]	非常反对 [1]
1. 我将团队的利益置于我自己的目标和志向之上。						
2. 我的行为一直能反映我对团队的承诺。						
3. 我积极主动地支持团队的决定。						

(续表)

自我评估的问题(每题选一个答案)。	非常同意 [6]	同意 [5]	有点同意 [4]	有点不同意 [3]	不同意 [2]	非常反对 [1]
4. 我认为我们是实现团队目标的最佳组合。						
5. 我珍视团队同伴的独特之处,并了解他们的长处。						
6. 我知道个人表现对于团队成功的重要性。						
7. 我对自己和队友负有责任。						
8. 我能够与团队伙伴真诚坦白地讨论团队表现。						
9. 如果我不能够兑现承诺或表现得如预期一样,我会提前通知他人。						
10. 我清楚地知道团队的目标。						
11. 我有合情合理并切合实际的目标。						
12. 我知道团队对我个人的期待。						

[130]

(续表)

自我评估的问题（每题选一个答案）。	非常同意 [6]	同意 [5]	有点同意 [4]	有点不同意 [3]	不同意 [2]	非常反对 [1]
13. 我做事情能分得清轻重缓急。						
14. 有些时候为了帮助队友，我愿意放下自己手中的事情或计划。						
15. 我能很好地掌握时间，为他人考虑并知道我的行为对他人的影响。						
16. 我认为我们的领导者重视我的看法并能设身处地地为我们考虑。						
17. 在做决定时，我扮演积极的角色。						
18. 我认为自己诚实正直并且行为符合道德规范。						
19. 我与团队同伴的沟通坦白真诚。						
20. 我重视交流的明确性，在沟通中尽力去询问团队同伴以确保我们彼此理解。						

(续表)

自我评估的问题(每题选一个答案)。	非常同意[6]	同意[5]	有点同意[4]	有点不同意[3]	不同意[2]	非常反对[1]
21. 每当出现问题时,我直接去找团队同伴而不是到团队以外的地方去发泄或寻求支持。						
每列总数[x]						
乘以权重[y]	×6	×5	×4	×3	×2	×1
总计[x]×[y] 21-53:你与你的团队合作得不好。 34-95:你与你的团队有时合作得较好。 96-126:你与你的团队合作得很好。						

◎ 两两一组

戴夫被安吉拉的安排弄得有些心烦,他原以为能和奇普一组——回到码头之后,他一直想找机会向奇普解释自己上周的行为。他知道奇普认为自己在背后捅了他一刀,他多么希望能抓住这千载难逢的机会跟他说清楚。

在安吉拉宣布完搭档组合名单的那一刻,戴夫犹豫着是否要求换个搭档。但很快,他就阻止了自己,他告诉自己要尊重安

[133]

吉拉的决定。不管怎么着,在今晚吃饭前他应该能找到时间和奇普谈一谈。而且,跟道格一组也没什么不好。是的,道格有时确实让人头痛,但他对待工作很认真,而且他的业绩一向很出色。

那一边,奇普对这样的安排也很不满。他不想与彼得一组,因为他是新来的,新来的人能懂什么?他不明白为什么分组会议和头脑风暴时,他总是和这个新人一组。

奇普并不知道的是,他的团队同伴常请求领导不要把他们和奇普分到一组。因为他们看来,奇普专横,控制欲强,别人根本就插不进什么话。但是这次奇普和彼得一组纯属巧合。

事实上,彼得很乐意这样分组。他发现奇普的领导风格非常有趣。他很想知道奇普打断同伴讲话的时候有什么感受。现在,他迫不及待想听听奇普会说些什么,也想看看他是不是真的对别人的话一点兴趣也没有。

玛丽和南希都很高兴能被分在一组。南希看出玛丽身上有着巨大的潜力,每多了解她一点,她就越喜欢她。而玛丽则很欣赏南希的沟通技巧和沟通方式,她总是能一针见血地指出问题,但也会耐心地倾听别人的回答。她们相信自己是这项活动的最佳拍档,也对彼此的会面充满了期待。

克丽斯汀也很高兴能与提姆一组,她打算和他谈谈那个事故。但在这之前,她需要尽可能地了解到底发生了什么。克丽斯汀盘算着如果时间够的话,她一定要好好劝劝提姆。如果时间不够,她也争取在今天的晚饭之前和他聊一聊。

然而，当提姆知道自己和克丽斯汀一组的时候，内心很不安，他担心新上司啥也不知道，就把他炒了。提姆心里七上八下的，他该说点什么吗？还是尽可能地避开这个话题？或许早在这之前，他就应该和她聊聊，这样现在也就没有这些顾忌了。又或许他现在就应该站出来据实相告，捍卫自己。他猜想如果她想炒他鱿鱼的话，她早就那样做了。或许她想借这个机会了解自己，又或许此刻她自己也在纠结要不要炒他。他到底应该怎么做呢？

每个人都完成自我测试后，就准备分组讨论了，提姆的心一下提到了嗓子眼儿。

◎ 小结和核心概念

◆ "水手的秘诀"中的每一点都旨在帮助你建立助人行为，改变阻碍行为，从而让你获得成功。这个活动可以帮助你明确自己的优缺点，从而有针对性地改变自己。

◆ 请一名教练或者同伴来评估自己的行为，你会获益匪浅。你的搭档能够为你的自我审视提供一个客观的反馈。同时，队员之间也可以借此进行一对一的交流，进一步加深彼此关系。

第十七章　新鲜空气

提姆和克丽斯汀走出房间，想找个地方聊一聊。克丽斯汀注意到提姆的脸有些发红，"你看起来脸色不太好，没事吧？"她问道。

"我还好……"提姆踟蹰着，"嗯……不，不太好。"他决定抓住机会全盘托出，"道格的事情确实很影响我，我感觉很糟糕。"

提姆无奈地摇着头，不知道还能说些什么。他有些后悔提起了这个话题，但他又能怎么办呢？几个月过去了，情况越来越糟。白天，一进办公室，他就会想他今天是否会走人。晚上，一踏进家门，他的妻子就会迎上来问他事情怎么样了。

提姆的焦虑情绪影响了他的工作：以前他大胆自信，往往能险中取胜，而现在，他什么都不敢做。他觉得自己正在变成安吉拉和克丽斯汀口中的公交车乘客，尽管他认为自己不应该是那样的。他很害怕这件事让他不敢做真正的自己，他希望现在去面对这些问题还不会太晚。

◎找机会说话

克丽斯汀看出他很沮丧,"提姆,我们坐下好好谈谈吧,"她温柔地说道,"在你开口前,我想先让你明白我的立场。其实我早就想跟你说点什么的,之所以拖到今天,是因为我得先搞清楚到底发生了什么;而且,上周我一直在筹备这次活动,不在办公室,所以,我一直没有机会跟你谈谈。我知道你在管理部门和预算问题上表现得很出色。放轻松,我保证你不会丢饭碗的。"

饭碗保住了?我没听错吧?她刚刚是不是说我的工作保住了? 提姆抬起头看着她,确信自己没听错之后,说道:"你不知道我有多么焦虑,那会儿流言满天飞,我甚至怀疑自己当初是不是就不应该从老家搬到这儿来工作。真的,我不知道该信任谁,该做什么。因为这件事我都不能正常的工作了。后来你调过来了,我也不敢接近你,因为我不知道会有什么后果。"

"提姆,你今后没有必要再为它困扰了。事实上,我希望你能振作起来,做好本职工作。从明天开始,我们将精心制定战略,迈向成功。我需要你担当起来,做好你的那一份工作,我会尽全力支持你们。作为一个团队,我们一定会很棒的,我期待那一天的来临!"

提姆激动得有些语无伦次,他只能不停地说"谢谢"。之后,他们相谈甚欢,加深了对彼此的了解。在回会议室的路上,提姆发了条短信给妻子,告诉她不用担心,工作中的一切都搞定了。

Chapter 17 新鲜空气

◎领悟

奇普和彼得来到外面,坐在码头上,看着湖水。像往常一样,奇普率先打开了话匣子。他说自己在做决定时很少从团队角度考虑,对于那些喜欢发表意见的同事,他也不是很喜欢。彼得虽然有些无法理解,但还是继续听着,毕竟,他也没有其他选择。奇普继续说,唯一在乎的就是他的计划进展得如何。彼得还是一言不发地听着。

说着说着,奇普自己也意识到这样的行为会使别人觉得受到了排斥,会让他们觉得自己并不重视他们的意见,也不在乎他们所付出的努力。同时,总是强调他自己计划对其他人也不好。看得出来,"水手的秘诀"对奇普产生了很大的冲击。

奇普继续说道,但是他觉得他做得挺好的一点是:他和别人交流时总是很坦率,并且从不在外面讲团队内部的事情,彼得听得很认真。

[140]

奇普终于讲完了,他停下来看着彼得,彼得想,应该轮到他跟奇普讲一些自己的事了。彼得告诉奇普,有段时间他真不太相信自己的队友,这导致他对团队缺乏承诺。当他和队友之间出现问题时,他虽然没有到外面去乱说,但也不会直接去跟队友说。他只是像个闷葫芦般把事情藏在心里。

奇普提醒他安吉拉说过什么都不做和到外面去乱说一样很糟糕,彼得点头表示同意。他说自己做得好的地方在于安排会谈并善于把握时机:当他与别人约定时间时,他会考虑到对方的

Chapter 17 新鲜空气

时间表,从而做出对其最好的安排,而且他对会谈的目的、将要讨论的内容以及自己的期待都把握得很清晰。

通过这一番谈话,奇普对彼得刮目相看,听到重要的地方,他甚至还记了些笔记,他决定在后面的工作中尝试一下这样的方式,而彼得也发现与奇普谈话并没有想象中那么难。准备回会议室时,彼得意识到自己可以从奇普那里学到很多东西,他应该抛弃对奇普的偏见,认真去听听他所说的话。

◎ 更多领悟

玛丽和南希很轻松地聊着天。玛丽谈到她的问题是不懂得舍弃,常常会做出过度承诺。现在的她,忙着建立一个强大的交际网。为此,她参加了很多社交活动,这导致她有时任务完成得不尽如人意,有时在别人需要她时不见踪影。她想兼顾好工作质量和人际关系,但又不知道应该如何平衡。南希认为玛丽能意识到这些因素对她的成功有至关重要的作用,真的很不错。

南希做得好的地方是每次她做决定之前,都会广泛搜集信息并充分考虑他人的意见。同时,她也敢于承担和履行责任。如果她不能够按时履行承诺时,她会提前告知别人,这样大家可以寻找其他的解决方法,或在原有计划上做适当的调整。

然而,南希也有个问题——不会选择时机。她常常在别人不方便时和别人说话。南希现在知道在和别人交谈之前,她需要先考虑到他人现在是不是方便,以及他们准备要做什么,当她要跟别人做出约定时,这一点显得尤为重要。

◎诚实开放

戴夫和道格的对话很有意思。戴夫很坦率地跟道格说,他的问题是不太能意识到自己的行为会怎样对其他队友以及整个团队产生怎样的影响。他一直把自己当个"独行侠",认为他要做的只是认真且迅速地完成任务。

每周五下午,为了能按时把每周工作总结报给上司,戴夫总会像陀螺一样,在办公室走来走去,核对进度,收集各种各样的资料。团队中的一些人被折腾得不胜其烦,他们早就跟戴夫说最好不要在周五下午做这些,也让他明确要求,这样他们能提前将材料准备好,周五之前就发给他。但是戴夫好像没有听见一样,仍然坚持在每周五要求大家上交五花八门的报表,只是因为,星期五对他来说是最方便的。

戴夫突然想起在船上时玛丽总在后面推奇普这件事,大概他的队友们也总觉得自己在后面推他们吧。上周五,因为奇普没有按时把他要的东西交上来,这几天每当奇普需要什么帮助时,他也置若罔闻。他知道这很小孩子气,但他只是想要奇普给他一个解释。事与愿违,他不仅没得到任何解释,还被别人看成是背后使坏的人。

轮到道格时,他只是简单地说了一下沟通和在外面讲内部的事的问题,然后就说:"我们呼吸一下新鲜空气就回去吧。"戴夫没有反对,道格松了口气。

Chapter 17 新鲜空气

◎ **小结和核心概念**

◆ 我们要以正确的价值观为导向,通过实际行动来帮助团队建立起相互信任的氛围。这要求我们首先学会设身处地地为他人着想,并鼓励他人从过去的错误中学习。这样有助于提高他人的自尊,培养良好的团队氛围。

◆ 在与他人比较的过程中反观自己,并进一步了解自己的一言一行会对他人造成怎样的影响是一件很难的事情,这要求我们能坦率地接受别人给我们的建议,并大胆地与别人讨论我们自己的价值观与行为,从而提升我们的自我意识,并加强与他人的交流互动。

第十八章 一视同仁

当所有人返回会议室时,安吉拉感觉一些变化悄悄地发生了。奇普仿佛在思考着什么,提姆则是一副兴高采烈的模样,玛丽的表情很平静,克丽斯汀看上去也很欣慰。这个团队开始像点样子了!

在与整个团队分享时,奇普承认自己并没有对每个岗位一视同仁,而且自己的倾听技巧还有待提高。**哇噻,他终于意识到了!** 提姆暗自想到。

戴夫和南希谈到了他们不会选择时机的问题,玛丽和提姆说自己总是不知道权衡,而克丽斯汀努力改变控制型的领导风格。道格承认他需要更好地沟通,但是很难说出个所以然,也举不出具体的例子。

彼得希望成员间能更加信任彼此,这时候奇普插嘴说他们现在所做的一切就是帮助大家建立信任。彼得不置可否,他进一步解释说他很相信今天的活动确实有利于加深了解和提高信任,但是信任并不是说建立就建立的,它是在一次次的配合中逐渐累积起来的。就拿他来说,他需要花长时间才能真正信任一个人，好在现在他愿意去试一试。尽管没有说出来，但在座的每个人都有类似的感受。

安吉拉总结说，跟在船里时一样，两两配合时大家都做得很好，这种形式可以很好地促进沟通。然而，在面对整个团队时，大家多少变得有些沉默，要想解决这个问题，让团队更加优秀，队员们学会进行团队交流，而这是非常困难的。

◎ 新视角

通过今天的训练，每个人都看到了不一样的彼此，也对这个团队有了新看法。没错，他们都犯过错误，但是人非圣贤，孰能无过。安吉拉说，错误本身并不重要，重要的是你怎么对待错误。

"问你们一个问题，"她说，"对你们来说团队是什么？正如我前面所说，你们大多来自于不同的公司文化，现在我很想知道，你们听到团队这个词时第一个想到什么。"

道格拿出 iPhone，"谷歌"了一下，他大声念道："维基百科里说团队是有共同目标的一群人或动物。一群动物！哈哈！" **我们就是这样**，他如是认为。"我们拥有同一个目标，所以我们是一个团队。"

玛丽发言道："一帮与你一起工作的人，就那么简单。"

"是吗？"安吉拉问道，"团队很简单？恕我不敢苟同，如果你们没什么重要事情要完成或者你们没有什么太高的期望时，团队确实没有什么。但如果你们想要做些大事的时候呢？"

Chapter 18 一视同仁

"那么我们要彼此依靠。"奇普说道。

"依靠彼此来完成什么?"安吉拉追问道。

房间再度陷入沉默,每个人都看着安吉拉,等待她继续讲。他们都意识到现在大家所面临的问题,那就是团队是什么或者团队对他们来说意味着什么。在这之前他们从未思考过这个问题,但如果他们想要成为一个杰出的团队,他们必须首先在团队对于他们的意义上达成一致,只有这样他们才能采取相应的行动。

◎冠军船

在安吉拉准备进入下一个活动之前,她忽然想起最近发生在码头上的一件事。"我想和你们分享一个小故事,"她说道,"有天,我站在码头上,等待刚参加完晨练的船只进港。第一支达到的团队里,所有人看上去都很兴奋,小船里充满了欢声笑语。我问他们为什么那么高兴,他们直说他们划得很好,得去休息了,这样明天才有精神继续参加活动。

[148]

"几分钟后,第二支团队回来了,他们看起来并不开心,脸上只有疲惫和沮丧,我也问同样的问题。他们回答说巴不得快点离开这里,结束这糟糕的一天,没有人提到改天要再回来划船的事儿,显然,他们不愿再提起划船这件事了。

"他们的回答令我很不安,所以我问他们船划得怎么样。他们说就那样、还可以,但紧接着他们就七嘴八舌地指责彼此划得不好,找各种借口,说各种抱怨的话。他们说他们觉得很累,这种高强度活动很折磨人。"

"我站在那里思考着这两段对话,"安吉拉继续说道,"因为两队成员都提到他们划船的过程中遇到一些困难。所以当第一个团队的某个成员回到码头时,我问她,当他们队遇到困难时会怎么做。她说当事情出现意外时,他们就停下船,每个人都尽力帮点忙,然后他们集中注意力保持船的平衡和彼此同步。他们都坚持做着正确的事,那就是建立起团队内部的平衡以及保持彼此间的同步。

"这时,第二支团队的一个人也回到码头来拿装备,我问了他同样一个问题,他说大部分时间,每个人都只是用自己觉得管用的方式来补救。听得出,他十分泄气和疲惫。"

所有人都明白遇到问题时,第一支团队是作为一个整体在行动,而在第二支团队中,成员们没考虑到其他人,没有往一处使劲儿。遗憾的是,他们发现自己的团队更像第二支团队——每当遇到事情时,大家都各自为营。

安吉拉继续说道,"所有训练结束之后,我在码头等着教练回来。看到教练时,我问他对他来说最大的挑战是什么,他的答案是要对全部 90 个人负责。每个人都知道只有一个冠军船队,也就是说只有 9 个人能取得胜利,所以,他需要确保不在冠军船的其余 81 个人意识到自己的目标,搞清楚自己角色对全队的胜利是多么的重要。他给他们制定了一个清晰的愿景,并明确自己对他们的期望,使他们都有个目标可以为之奋斗。

"如果其他船缺乏目标感,那冠军船也会随之缺乏动力,因

Chapter 18 一视同仁

为没有人挑战他们,他们就会觉得没有意思。教练说对那81个人来说,知道自己的一言一行会给别人造成什么样的影响非常重要,这也是每个领导者的责任,即帮助每一个成员明确他们在实现目标过程中应当发挥的作用。如果做不到这点,成员的个人表现就会下降,组织也会跟着遭殃。"

她看了看这个团队,他们也看着他。

"你们是冠军船,"安吉拉说道,"你们得展现出自己的最佳水平,然后回到你的团队,帮助自己的队友明白他们是组织的一分子,是梦想的一分子,没有他们的工作和参与,梦想永远只是梦想。你们得为他们描绘愿景、以身作则,并率先做出设想中的改变。因为人们跟随的不是一个梦想,而是一个榜样。

安吉拉的话让奇普陷入了沉思,这是一个看待事物的新方式,是一个他从没接触过的新观点,他得好好思考一下。作为领导者,奇普习惯于就愿景和战略与大家进行沟通,但他很少帮助让每个人明确自己在其中的位置,他把这部分丢给了他们自己。

奇普反思着,如果人们真的是先跟随一个榜样,然后才会去考虑愿景的问题,那么他很好奇别人是怎么看待他的呢?在此之前,奇普从来没对自己的领导能力产生过质疑,但现在,他不那么确定了。

◎ 小结和核心概念

◆ 要想成为一支冠军船,你必须意识到并学会利用团队的技能,从而不断提升团队的整体表现。提供团队合作方面的训练,促进合作,扫除障碍,同时对成功的地方表示认可并给予奖励。

◆ 遍观组织中的每个人都在为团队的成功贡献着自己的力量。从某种意义上说,每个人都直接或间接地服务于我们的客户。只有成员以团队目标为终极目标,整个公司才会取得更大突破。

第十九章　九一原则

根据以往丰富的经验,安吉拉知道帮团队勾勒出宏伟的蓝图可能会对其有帮助。以前,她自己的教练会让他们闭上双眼,想象成功是什么样子,然后一起制定一个迈向成功的团队计划。在这个过程中,他们也进一步明确目标、优势和劣势以及目前最值得关注的地方。

她的教练有个有趣的规则,那就是团队成员必须把90%的努力放在加强优势上,只留10%放在弥补弱项上,她的教练称之为九一原则,意思是说团队在改进不足的同时,应当继续强化自己的优势。

"你们知道自己的优点是什么吗?"安吉拉问大家,"你们知道自己队友的强项是什么么?你深入了解过他们的优点么?想想你们刚讨论过的做得好的地方,那就是你们要坚持下去的东西,因为正是这些东西帮助你取得了目前的成就。"

克丽斯汀很赞同安吉拉的观点,与其把精力放在亡羊补牢上,不如让大家去做一些自己擅长的事,随之而来的成功经历会让整个团队充满斗志。

克丽斯汀想起她曾上过一些管理课程。她有没有保持住自己的强项？也许她应该再去学一些新内容，毕竟时代不同了，她所知道的那些东西说不定已经过时了。

◎描绘成功

"我很幸运，"安吉拉开始说道，"我曾有一个很牛的教练。每周，他会在船室的白板上贴出我们所有人的成就。白板的上方写着'宾的成功板'。有天我问他，'谁是宾？一个很厉害的水手吗？'他说，'不，宾代表着帕特丽夏·宾，一位我在飞机上偶遇的女士，她告诉我她的工作室有这么一块板子，自此以后，我就一直采用这个点子。'"

克里斯汀也很喜欢这个创意，她已经决定要在他们的办公室里也放这么一块白板。每周他们都会收集大家的成功事迹，然后贴在团队板上，这一定会大大激励团队的！

"大家准备好再画一幅画了吗？"安吉拉问道。

只有道格不愿意，他实在有些不耐烦，不知道参加这个工作坊有什么用。此时，他只想快点结束，好继续他的工作。他很想直截了当地说出来，但又担心这么一说，大家反而就这个问题展开讨论，这样他更走不了了。

其余人都摩拳擦掌，他们都想看看自己能不能称为安吉拉口中的杰出团队。

"我想让你们再画一幅图，用来描绘你们团队在船里的理想状态，就像你们画现状的时候一样，"安吉拉继续，"明确你们目的地在哪儿,以及到达之后需要做些什么。"

克丽斯汀很好奇大家会画些什么,同时又不想影响他们思路,所以她问大家能不能让她最后一个分享自己的画。大家都同意了,并迅速开始作画。

他们的画基本相同——所有的队员都坐在同一艘船里,阳光明媚,脸上洋溢着微笑。

当他们在房间内走来走去分享大家的画时,一个共同的主题呼之欲出:在克丽斯汀的领导下,他们的船划向远方,那个充满了机遇的远方。问题是,没有人知道这个机遇究竟是什么,或者途中他们需要努力克服怎样的困难。水面风平浪静,也没有其他的船——没有危险,没有竞争。这看起来不太现实。

◎ 小结和核心概念

◆ 明确愿景是成功的第一步。组织里充满了形形色色的人,为了整合资源,一个清晰具体的愿景必不可少。愿景描绘了对于未来的期待,这必须由团队来设计,这样才能让每个人都对此抱有激情,并鼓舞其他人跟从这个愿景。[157]

◆ 核心竞争力是一个公司的独特优势,决定了公司的市场以及产品结构,并有助于获得成功。了解自己的优势,以便在团队需要时可以用上它。

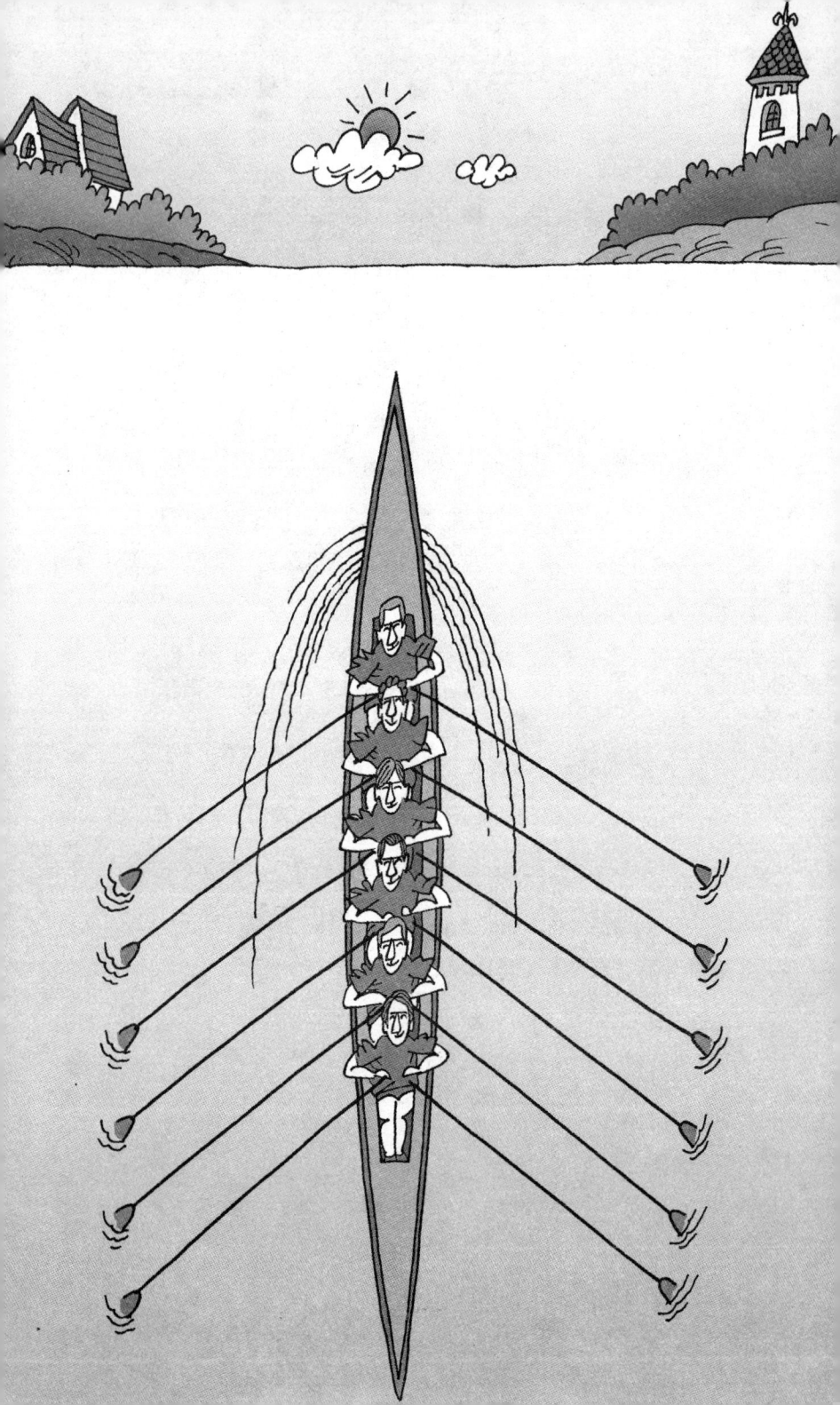

第二十章　晃动小船

当团队成员分享完,安吉拉在白板上写下"晃动小船",她现在明白他们害怕直面问题,这让她多少有些无奈。 [159]

"这是什么意思?"玛丽问道。

"让我们的船晃动起来,是指在一种不影响团队关系的前提下提出问题和挑战。"安吉拉解释道,"目的在于增进理解、避免误会,这样你们才可以合理地看待问题并基于事实做出决定。"

"在摇摆中获得平衡和一致,听起来有些荒谬,肯定有人一直提醒你不要去晃动船,但是如果你没有经历过摇晃的那一刻,你就没法儿全面地了解划船这件事,更别提能一直稳健地驾驭一艘小艇了。" [160]

他们知道她是对的,但也实在不知道怎样在不伤害彼此和他们关系的前提下去"摇晃船"。

安吉拉继续道,"其实你们在湖面上已经体验过了这样的经历,记得抬手放手的训练么?当一起划桨的人数变多时,船猛烈晃动起来,但是你们还是没有翻船啊! 就在这时候,你们听从了金和比尔的建议,接受了团队成员间的反馈,最后顺利地解决了问题。"

"不管过程有多艰辛,最后你们都要齐心协力让船稳定下来。这需要你们时不时放慢脚步甚至是学会退后一步。如果这个过程都不能让你们从中学到点什么,那你们就没救了。最糟糕的情况是,你们中间还有人在这个紧要关头松开了手中的桨。"

"从现在开始,我希望你们学会'晃动船身',不仅是今天,还有明天以及更远的未来"。

安吉拉将一些准则写在"晃动小船"的标题下:

将"水手的秘诀"作为你们的行动指南。

聚焦于眼前的问题和挑战。

公正客观地看待问题。

要想被理解,首先你得理解他人。

对别人的发言表现兴趣。如果你只想着构思自己要讲的话,你就无法听见其他人所说的内容。

将别人说过的话分成两类:你同意的和你不同意的。

使用开放性以及有助于澄清现象的问题来提问,比如:你观察到了什么?为什么你觉得应该用这种方式?有没有相关的数据和事实来支持?

杜绝人身攻击。

杜绝吐槽。

Chapter 20 晃动小船

当情绪激动时,冷静一下。

"吐槽是什么?"玛丽问道。

"吐槽是使人泄气的评论,比如'白痴'、'我们绝对不会犯那种错误'、'别白费力气了'、'我们早就知道了',你们也不能叹气、翻白眼,或者做出其他带有挑衅或者消极攻击意味的行为。"安吉拉回答道。

看见玛丽拿出手机,彼得问道:"你干吗呢?"彼得问道。

"我在维基百科上查找消极攻击行为。"

"它怎么说?"

每个人都想知道什么是消极攻击行为。玛丽大声念道:"消极攻击行为是指,在人际交往或在工作场合中,消极对待、甚至是蓄意打击别人的积极性,同时面对任务时表现出习得性无助、拖延、顽固、不满、情绪消沉,故意反复做错。这是一种防御机制,而且当事人多半是不知道的。比如,假设一个人不想参加派对,他就会潜意识地花很多时间去准备,以至于当他/她抵达时,派对几乎要结束了。

[162]

道格感到很尴尬,他穿着西装就来了是不是也是一种消极攻击行为? 也许吧,他想,毕竟他确实想通过这样做来逃避划船。

◎ 行为解释

安吉拉发给大家一份"水手的秘诀"总结表,接下来一个小时,他们要利用这份表和刚刚说的那些准则,就对他们有利和有害的行为来一次头脑风暴。

"水手的秘诀"总结表

[163]

1	以团队利益为先	将团队的利益置于个人利益之上。大家都向一个方向使劲,而不是各划各的。	承诺
2	人人具有平等的价值	尊重他人,认可并信任每个人的优势。	认可
3	承担你的责任	明确并尽到你的责任。	责任
4	保持平衡	通过对成员和技巧进行合理组合来实现目标。	组织及自我意识
5	保持同步	时机就是一切。要意识到你做的每一件事都会影响到其他人。要知道自己和别人的频率。	情境意识
6	以身作则	相信自己,相信队友。一起承担领导的责任。	信任
7	内部解决	清晰诚实地与你的队友沟通	诚实和主人翁意识

Chapter 20 晃动小船

尽管大家都有些累了,但是每个人仍然很投入,他们提出了一些应该发扬的有利行为和若干禁止的不利行为。房间内还是偶尔会蹦出一些"吐槽"和一些其他消极攻击行为,但是这次会议与以往截然不同,开始有一些正性力量注入团队中了,整个团队焕然一新!

[164]

他们提出了以下内容:

1 以团队利益为先	
应该做的事	禁止做的事
1. 考虑你的行为给团队带来的影响。	1. 对不赞同的事情假意附和。
2. 参与团队决策。	2. 没有根据就做决定。
3. 及时告知股东相关信息。	3. 排挤成员。
4. 优先整合资源。	4. 自私,霸占资源。
5. 用行动表示支持。	5. 说让人丧气的话。
6. 当其他人需要帮助或者资源时,竭力帮助。	6. 表现消极攻击行为。
7. 团队利益第一位。	

[165]

2　人人具有平等的价值	
应该做的事	禁止做的事
1. 当其他人在说话时，倾听并表示出兴趣。	1. 高高在上，打断或纵容别人打断他人说话。
2. 让每个人参与团队决定。	2. 寻求建议，但是行动时根本不采纳。
3. 换位思考以明白他人的责任和挑战。	3. 偏心。
4. 让别人把要说的话说完。	4. 对他人不在乎。

[166]

3　承担你的责任	
应该做的事	禁止做的事
1. 信守承诺。	1. 一下给别人施加大量的任务。
2. 知道别人对你的期望。	2. 对他人的期望不切实际。
3. 平衡每个人的工作量。	3. 随便许下诺言却不兑现。
4. 如果你没法履行职责，寻找你自身的资源解决它。	4. 完成的工作不符合要求。
5. 准时完成工作，不辜负别人的期望。	5. 埋怨他人。
	6. 肆意夸大工作量。
	7. 拖延。

4　保持平衡

应该做的事	禁止做的事
1. 人岗匹配。	1. 骄傲自满。
2. 将每个人的力量整合起来。	2. 独自做出决定。
3. 人人参与团队决策。	3. 不平均地分配工作量。
4. 平均分配责任。	4. 双重标准。
5. 给每人公平的机会。	5. 将人员安置在错误的位置。
6. 了解人们能做什么、不能做什么。	6. 职位空缺。
	7. 抱有不现实的期望。

5　保持同步

应该做的事	禁止做的事
1. 清晰地交流。	1. 错误沟通。
2. 在进一步行动之前,确保团队制订完善的行动计划。	2. 在别人事情做到一半时贸然插手。
3. 保持日常状况的更新。	3. 撇下不在的成员,擅自行动。
4. 理解他人。	4. 命令或强迫他人做某事。
5. 了解你的同伴是否有空跟你交流。	5. 想当然。
6. 乐于助人。	

6 以身作则	
应该做的事	禁止做的事
1. 用要求别人的标准来要求自己。	1. 干预他人。
2. 平等地倾听每个人。	2. 将自己的观点强加于别人。
3. 积极关注高度重要的事情。	3. 不懂装懂。
	4. 迟到早退。
	5. 要别人遵守规则,自己却不遵守。

7 内部解决	
应该做的事	禁止做的事
1. 有问题的时候直接与团队同伴交流。	1. 在团队外散播团队内部的事。
2. 打开天窗说亮话。	2. 故意掩盖问题。
3. 鼓励开诚布公地交流。	3. 不告诉别人真实感受。
4. 倾听同时尽力去理解。	4. 到处"八卦"。
5. 参与解决问题。	5. 在团队内外抱怨又不提供解决方案。

Chapter 20 晃动小船

安吉拉让大家还是按着之前练习时的搭配两两分组,并在日后的工作中对彼此负责。他们要确定下周会面的日期,以便评估他们的进展。安吉拉告诉他们自己会发一封邮件给大家,提供一些信息,以帮助他们继续关注积极行为,敦促他们和搭档一起追踪彼此的进展。

道格认为这整个活动荒谬极了!他一点也不想照着做。

◎ 期待改变

其他人都期待看见他们的努力会有怎么样的收获,他们开始成为一个真正的团队,他们甚至开始期待第二天的战略计划会议,要知道平时他们最烦的就是这个了。吃了晚餐让他们轻松了很多,也有些精神了。

◎ 小结和核心概念

◆ 一支强大的、不断成长的团队,愿意把实际所面临的困难和挑战提出来。通过"晃动小船"准则,你们可以获得平衡,统一战线,同时,作为一个整体继续向前。

◆ 讨论问题的时候,要尊重他人意见,并且遵循"水手的秘诀"。直率地提出问题,避免消极攻击行为。

第二十一章　圆满完成

今天的活动到此就该结束了。安吉拉询问大家还有什么想说的。"我还有事情想说,是关于奇普的画。"克丽斯汀回答说。奇普的脸变红了,他的心一沉到底,希望他们换个话题。"在奇普的画里有一些空的座位……"克丽斯汀说道。

"我不是那个意思……"奇普打断她。

"奇普,稍等一下,让我说完。"她笑着说。"奇普说他认为我们的人员组合上有些错误,我却认为我们在人员的组合上是正确的,但在要专注的事情上组合错误。我在回顾之前的战略计划时发现,我们的目标太过杂乱,因此也许我们不必重新设置船上的人员,只要重新做计划就行。

"作为一个团队,你们不能指望什么事都尽如人意。就像我们从今天的经历中学到的一样,很多事情都会发生变化,比如天气状况和水面状况,但是每当这些突发状况发生时,我们就需要抱紧一团,全力合作。在我们明天见面之前,我希望你们能问问自己下面的问题:

[173]

[174]

1. 我们是希望把所有事情都做得平淡无奇，还是想集中做好几件事情？

2. 我们真正的问题出在哪儿？

3. 我们的机会是什么？"

"我相信，我们的团队拥有巨大的潜力，"克丽斯汀继续说，"但是，在我们遭遇巨大挑战时，团结就是力量。现实变幻无常，就好像今天我们在船上，一切都在迅速改变，当变化发生时，金告诉我们听从要领队的指挥，要都把注意力集中在前面那个人的后背，情况很快就有所好转。我也希望你们在做新计划时，听从领队的指挥，将注意力集中在你们队友的后背。对你们有些人来说，这将意味着要调整预算、人员、时间等相关资源。这不是一件简单的事，但如果我们以后能像今天一样地合作，我们将会非常成功，甚至可以完成很多我们从来不敢想象的事。

"也许你们担心有些事情会从战略中被剔除，但那也并不意味着它日后不能再被加进来。我们首先要考虑怎样对整个团队是最好的，而且我们要知道剔除一些事物意味着也可以加进一些事物。"

总的来说，大家都很赞同克丽斯汀的话，他们只是不知道这些话对他们有什么用以及他们应该怎样制订新的工作计划。克丽斯汀感觉到了他们的担心，继续说道：

"今天我们没有太多机会真正去练习'晃动小船'，但只要我们确定了眼前的问题和挑战，我们随时都可以去做这件事。

Chapter 21 圆满完成

明天我们制订新计划的时候肯定要用到这种方法,并且在我们日后的工作中也可以采用这种方法。

"我希望明天你们每个人都能带着你们的问题和发现的机遇来讨论。事实上,我已经请安吉拉与我们保持联系并协助我们,关于'水手的秘诀',她也会继续指导我们,因此关于明天的航行,我们已经有了一艘更好的船。"

每个人都很欣慰,安吉拉曾经成功带大家克服了恶劣的水况,她必定是个很好的推动者。

克丽斯汀宣布晚餐前他们有一小时的休息时间。

◎ 回忆

休息时克丽斯汀给家里打了一个电话,又抓紧时间查看了一下邮件,然后去散步休息一下,她还要再从头到尾想一遍她晚餐时的发言。她回忆了一下活动过程中团队成员的发言,他们谈到了自己做得好的地方和不好的地方。

团队也明确了一些需要发扬和需要终止的行为。他们将会怎样的变化?他们又应怎样确保变化的发生呢?想到这些的时候,克丽斯汀忽然意识到,她需要给予某些成员更多的关注。她想起几个月前她与船员卡门的一次谈话,那时卡门在夏威夷巡航。

[176]

卡门的夹克上有一些纽扣,有一天克丽斯汀问她这些纽扣的涵义。卡门回答说,大部分的纽扣是标准纽扣,船上的每个人都有。她指着其中的每一颗向克丽斯汀解释它的涵义,克丽斯汀发现她漏掉了一颗金色的小星星,就问这颗星的涵义。卡门显得很有些不好意思,她说这代表她是一个好员工。

克丽斯汀又问她,对她的团队来说,最大的挑战是什么。卡门告诉她,员工们有着不同的工作经历,因此她要尽可能地去了解他们的背景,只有这样,她才能运用她的知识指导和帮助她的员工。除此之外,她还需要确保她的员工知道自己在关心他们,所以每个星期她都举行一次会议让他们说出自己的心声,分享各自的观点。

克丽斯汀被卡门深深打动了,她知道卡门全身心地在为她的团队奉献,并以自己的团队为豪。她非常赞同卡门的那句话:人们需要知道你在关心他(她)。过去,克丽斯汀期望有新人加入到她的团队,为他们的团队注入新的活力。有几次她对一名团队成员的绩效失望,不明白为什么他总是要说他在以前团队中怎样做事。现在她意识到,她有必要考虑到员工先前的工作经验。

克丽斯汀想起她的朋友简曾经说过圣玛利亚足球队的教练卢·霍兹,他以其精准的判断力和鼓舞人心的能力而著称。据简所说,霍兹曾经说过,一个团队需要从他们的教练那里明确三件事:

1. 他(她)想要做好这份工作。

2. 他们可以相信他(她)。

3. 他(她)关心他们。

克丽斯汀扪心自问是否做到这三条标准。第一条她做到

Chapter 21 圆满完成

了,当然每个人都知道她希望做好这份工作。第二点还需要一些时间,因为对这个团队来说她还是个新人,信任的产生不是一朝一夕的。就第三点来说,克丽斯汀关心团队中的每个人,但她不确定他们是否知道,这就是她现在要做的事情,她要从现在做起。

◎ 小结和核心概念

◆ 每个团队成员都希望得到其领导的鼓励和指导。团队领导必须表现出他(她)关心整个团队,并且认可每个成员都将为这个团队付出一切。

第二十二章　晚餐时分

晚餐时,克丽斯汀开始感谢每个来到活动场地,并且积极参加活动的同事。在开始发言之前,她明白正如奇普在他的画中隐含的那样,对于这个团队来说,意识到"她——克丽斯汀并非救世主"是有多么的重要! [179]

"看看我们的竞争状态和大家遇到的挑战,我需要每个人都明白我们大家都在并肩作战,就像我们今天划船时一样。我们每个人都要参与进来,找到自己的位置,并奋力向前划。在我们面前还有很多严峻的挑战,这需要我们共同奋斗很长一段时间。想开动这艘船,我们每个人都必须明确团队的目标是什么,以及我们每个人能为此做点什么。

"只有把握好船的方向和平衡,我们才能划好它。也许我们的船不会总是保持直线和平衡——有时它会朝着错误的方向前进——但今天是一个好的起点。从今天起,我们开始学习怎样真正做到共同合作,以及怎样与他人保持一致。我们通过头脑风暴,发现了很多应继续坚持的积极行为,也发现了很多应该摒弃的消极行为,那些是对我们毫无益处的行为。" [180]

◎ 承诺与价值

克丽斯汀继续说:"我希望大家能郑重承诺,那就是工作时能将团队置于个人之上,这样才能使团队做到最好。想要做到这一点,我们必须互相信任并且知道这一点:不论我们的队友成功还是潦倒、如意还是不如意,我们都应该互相支持。我们需要承认团队中每个成员都很重要,尊重每个角色所遇到的挑战,并赋予每个团队成员以相同的价值。

"从今天划船的经验中,我懂得,我们永远都不能低估每个成员对团队成功所做的贡献,也永远不能把每个成员为团队付出的努力看做理所当然。进一步讲,我希望你们当中的每一个人都能不断提高你们的能力、弥补你们的不足,这样,无论遇到什么困难,我们都可以克服。我希望你们可以真诚地、敞开心扉地在团队里探讨这些问题。

"今天,我从你们每个人那里都学到了很多,我以你们为荣。这是一项非常需要团队合作,非常考验团队能力的运动,要做好它非常不容易,但你们做到了——我们做到了。我希望我们承诺今后的每一天都能这样优秀地合作。我希望你们知道自己可以信任我,而且我也关心你们当中的每个人。对我来说,团队中的每个人都很重要,而我们所有人对公司来说也都很重要。公司会因为我们的合作而获得成功,我相信我们。"

◎ 关键时刻

克丽斯汀接下来的话让大家很吃惊:"我需要道歉,今天在开始分配座位的关键时刻,我离开了房间。之所以说这件事是因为,一方面我为你们骄傲,因为在我暂时离开的时候,你们也能迅速高效地决策。但同时我要你们知道,我并不是完美的,我是人,我也会犯错误。安吉拉说过,犯了错误并不重要,重要的是我们怎么应对它。

"我敢肯定,还会有更严酷的状况在等着我们,但我也可以向你们保证,只要我们通力协作,就一定可以克服这些困难。刚才我所提到的那些问题都可以通过'水手的秘诀'来解决,我希望我们能坚持下去。

"今天下午和晚上在这间屋子里发生的一切都是积极美好的,也是全新的,这对我们的小组会议以及新计划的诞生都是一个很好的开始,谢谢你,安吉拉,谢谢你今天为我们所做的一切。"

话音刚落,整个团队开始鼓掌、欢呼,他们都非常同意克丽斯汀的话,并且他们已经准备好开始制订新的计划了——当然道格除外,他看起来完全是心不在焉。

◎ 小结和核心概念

◆ 永远不要低估每个成员对团队成功所做的贡献,也永远不能把每个成员为团队付出的努力看作是理所当然的。

◆ 世界上最好的篮球运动员之一迈克尔·乔丹曾经说过："天才赢的是某一场比赛,团队的智慧才能获得最终的成功。"要想使你们的船划得更快,团队中的每个人都应该明确团队目标以及为实现目标我们可以做什么。

第二十三章　把握时机

晚餐后，克丽斯汀在回房间的路上收到了一条信息，于是她坐在走廊里回复信息。这时候，她突然听到道格跟彼得抱怨说他觉得今天被白白浪费了。克丽斯汀心里很难过，她多么希望从未听过这些话。 [185]

道格和彼得正好就在附近。他们看不见她，她也看不见他们，但她可以清楚地听到他们的声音——一个洪亮的，一个清晰的。毫无疑问，是他们。听到他们的谈话，她的心一下子沉了下来。

"这些事都不重要，"道格说，"过些日子我们就会都忘了。"

彼得回答道："不是那样的，道格，这很重要，我一定会铭记在心。"

"好吧，你是个例外，"道格回答说，"你不知道这个团队是什么样，让我告诉你，你是唯一的一个……" [186]

彼得打断他道："是的，我可能暂时对这个团队还不了解，但我绝不是唯一一个从今天的经历中有所收获的人。大家都觉得很受启发，这次培训非常给力！"

"好吧,是我不喜欢,行了吧,我最喜欢的衣服都被弄破了。"道格大声叫着,他依然十分懊恼自己为什么要穿着它。

"我觉得你应该准备好了再来的。"

"听着,彼得,我只是想帮助你,我不是想说这培训怎么不好,我只是不想你在真正接触工作和别人时失望,你现在知道的这些都是一些美好的谎言。"

"我不懂,道格,今天我看到了每个人真实的一面,我喜欢这种感觉。我想试一下,我相信我们会有所收获。这次的团队建设和我以往做过的都不同,我为我们今天的所作所为而自豪。我们是犯过错,但我们也取得了很大的进步,这些东西我永远也不会忘记。我们别谈这事了,在团队之外不要谈团队的事情。"

"可是我们现在就是在一个团队啊。"

"拜托,道格,你知道我在说什么。如果你有这么多问题,你为什么今天不带到讨论中去呢?我非常赞成像一个团队一样工作。听着,我累了,我要去睡觉了,晚安。"

彼得没有再听道格多说一句话,他转身就走了,留下道格一个人站在那里盯着他的背影发呆。

◎ 行动

[187]   克丽斯汀怔了半晌。**道格必须得离开**,她想,**在我们经历了今天所有的一切之后,他怎么还能说出这样的话?** 彼得说得没错,道格有很多机会把这些话说出来,但他没有。她等了一会儿才起身回房间,以免道格发现她听到了他们的谈话。

Chapter 23 把握时机

在她回去的路上,她决定停下买瓶水。当她走出商店的时候,她猛地撞到了道格。

"嗨,道格。"

"嗨,克丽斯汀,感觉怎么样?"

"很好,我有点累,今天真的做了很多事情。你呢?喜欢我们的户外活动吗?"

"很好",道格回答道。

"真的吗?"她问。

克丽斯汀简直不敢相信她的耳朵。**这是同一个人吗?几分钟前他还在把所有人、所有事说得一文不值,他怎么能这样撒谎?他为什么不说真话?**

"是的,我想我们走对路了,"他继续说,"今天我学到了很多。"

克丽斯汀问自己,是该现在处理这件事,还是稍后处理?经过一天的活动她已经很累了。她只是想赶紧回到房间,躺到床上,好好地睡上一觉。当她把手伸到口袋里拿房间钥匙的时候,她发现有些别的东西在里面,是只橡胶小鸡,那是安吉拉早些时候给她的,提醒她不要做一个胆小鬼。她在大脑里迅速权衡了一下现场的情况,说:"道格,我想我们应该谈谈"。

◎ 小结和核心概念

◆ 在"水手的秘诀"当中,开诚布公、诚实、行动果断都是十分必要的。同时,应尽量在不好的行为发生时就制止,而不是

[188]

等到发生之后再处理。这样做可以节省大量的时间与资源。

◆ 有机会和团队在一起——不管身体上还是精神上——对于每一个成员来说非常重要。如果员工是选择身体与团队在一起,但其他方面都离开了团队,这将会对团队产生致命的影响。领导的职责是确保每个团队成员能百分之百的投入,并为让整个团队做到最好而努力。

第二十四章　香甜之梦

奇普感觉在头碰到枕头的那一瞬间整个人就放松了,他几乎一躺下就睡了过去。突然,他发现自己坐在办公室的椅子上,手里拿着安吉拉给他的黄色橡胶小鸡,忽然小鸡开始动了,它站起来看看他。他的眼一下睁大了。 [189]

小鸡说:"奇普,我有些事想跟你说。"

奇普看着它的头:"什么? 你会说话!"他叫道。

"我当然可以,现在,听我说。"小鸡看着他回答道。

奇普不敢相信他的眼睛,他的小鸡正在跟他说话! 他做了一个深呼吸,使劲眨了眨眼睛,想看看它会不会消失掉。它没有,它站在奇普的手里并且在空中转了一圈,好像要宣布什么。 [190]

"奇普,在你的面前有非常光明的未来,但是你正在失去某些东西。"小鸡说。

"什么? 我正在失去什么?"他问。

"领导能力。"小鸡说。

"太可笑了,我生来就是一个领导。"

小鸡对他笑了笑继续说:"没错,你总是能获得众人的关注并最终拥有控制权。但是,每个杰出的领导者都应知道所有人都是这世界上独一无二的,而你表现的好像自己不需要任何人。"

"等一下,"奇普回答,"我从来没说过我不需要任何人。"

"行动胜于雄辩,"小鸡说,"事实上,奇普,你现在连十分之一的潜能都没有开发出来。"

"真的?"奇普问。

"真的。"小鸡肯定地点点头道,"而且之所以这样,是因为你总是所有事都亲力亲为,但当你真的需要帮助或要做一个重要的决定时,没有人可以帮你。你已经形成了这样一种思考模式,那就是你已经掌握了所有信息,不需要考虑其他了。你限制了你的资源,并没有充分运用团队的力量。奇普,你这根本不是真正的领导。

"说得严重点,你根本没有考虑其他人的想法,但其实他们都有自己的想法,奇普,并不是说你嗓门大别人就得听你的,你得靠人格魅力去把别人征服。"

"我知道,我知道要靠人格魅力。"奇普挫败地说。

"你总是不考虑别人,这样他们就不想跟你合作,也会对你的领导不满。有时候你能感觉到别人的这种态度,然后你更少跟别人互动了。这是个怪圈,我希望你打破它。"

小鸡这时把翅膀放到头后,两脚交叉躺在他的手上,它现在只需要一个吊床。

"好吧,我应该怎么做?"

"你得从平等对待团队里的每个人开始。如果你希望别人尊重你,你首先要尊重别人。你必须认识到,每个人都有独特的经验和天赋,都有值得学习的地方,并可以帮到你和你的团队获得成功。"小鸡回答说,它一手指着空气站在那里,并像个大学教授似的来回踱步。

"说下去。"奇普急切地听着。

"就从表现出对同事信任开始吧,要向他们请教,让他们参与进来,并采纳他们的意见。当他们和你说话的时候,不要打断他们,要同他们互动,而不是假装没听见他们的话。"

奇普知道小鸡的话是对的。事实上,这次谈话比他和团队中任何一个人的谈话都长。他很少花时间来和团队讨论,他只是按自己的计划办事。他几乎从不向别人征求意见,因为觉得听他们的话太费时间,而且他坚持认为自己是对的。

小鸡继续说:"而且,当你问别人问题时,你都没有等到别人回答,那你为什么这么麻烦地去问他们呢?"

"老实说,我觉得他们会妨碍我。"奇普回答。但事实并非如此,他的同事们都很优秀,他只是从不愿花时间去发现他们的长处,因为担心自己会被他们遮住光芒。

"妨碍你?"小鸡打断他,嘴巴张得大大的,"唯一妨碍你的是你自己,改变你的做法,这样你才能给大家起一个表率作用。如果你想别人尊重你的观点和能力,你就要尊重他们;如果你想把事情做好,你需要一个团队。没有团队,你是不可能成为一个好领导的"。奇普盯着面前的小鸡,突然,它消失了。

Chapter 24 香甜之梦

他醒了,他的小鸡还静静地躺在床头柜上。"你没有和我说话吗?"小鸡没有回答他,一动不动。

◎ 早餐讨论会

早晨,当奇普到餐厅时,几乎所有人都坐在那里吃早餐了。

"睡得怎么样?"提姆问道。

"我做了个有意思的梦,"奇普回答,"安吉拉送我的橡胶小鸡来到了我的生活中,它和我说话了。"

"好神奇啊,"提姆笑着说,"小鸡说了什么?"

"呵呵,小鸡说了很多事,有趣的是它说的都是真的。"

[193]

"那太好了,"提姆说,"如果一只黄色的橡胶小鸡都来跟你撒谎,你就更糟糕了。"大家都笑了。

玛丽注意到道格不在房间里。**也许昨晚他在酒吧待得太晚了**,她想。

彼得靠着她坐下。

"早上好。"他面带微笑说。

"早上好。"玛丽回以微笑。

彼得来这个团队的时间不是很长,但玛丽喜欢他的为人和他说的话,而且他看起来真的对其他人的话感兴趣。

"你怎么看'摇晃小船'?"她问。

"对我来说,这很不同,"彼得回答,"我没有见过大家这么积极地提出问题和挑战,在我以前的团队里,是不能这样提问的。"

玛丽继续听着。

"我喜欢这些,希望我们继续进行这种活动,能这样地讨论我们的行为,用一种新的方式共同工作,我感觉很好。"

"我也喜欢,"玛丽说,"有时我觉得人们浪费了太多时间和精力去回避问题,如果我们使用'摇晃小船'的方法把资源集中在真正的问题上,并与团队成员取得一致,做出正确的决策,这就太好了。"

"是的,听说昨天对每个人都有很大影响,我觉得这太有趣了,昨天我们似乎还有很多分歧,今天怎么就统一了呢?"

"是啊,太神奇了,"玛丽回答,"竟然能消除所有的假象和误会。"

◇ ◇ ◇

奇普,戴夫和克丽斯汀都在默默地吃早餐,他们每个人都在想着要做的事。

在梦到小鸡之后,奇普决定要认真倾听同事们的话,他不想再像从前一样主宰谈话。前一天活动让他们明白,他没有足够尊重团队的讨论,因为他总是首先站起来说个不停。他的同事们都很聪明,都有很好的点子,他只需要认真地听他们说就可

Chapter 24 香甜之梦

以了。

戴夫正想着借什么机会说说周五交报告的事,但又不想把大家惹毛了。其实,没有人会真正朝他发飙,因为这是他做事的方式,但这确实会使大家有些不快。吃饭的时候,戴夫暗暗思索着如何才能提到这些事又不会引起不快。

[195]

克丽斯汀正在思考她与道格的谈话,是时候告诉大家了。

◎ 小结和核心概念

◆ 审视你的行为,评估你是否在做对团队有益的事。团队成员对你的期望和你对他们的期望是一致。

第二十五章　扫除隔阂

除了道格,大家都到了。当克丽斯汀站起来,准备发言时,奇普问:"有人看见道格了么？我给他房间里打了电话,但是没有人接。"这时,所有人都转向了克丽斯汀。

[197]

她迅速回答说:"这正是我想告诉大家的,道格不会加入我们了,他决定要离开这个团队。"

"什么？"奇普问,"你在说笑吧？"

"这不是玩笑,"克丽斯汀解释说,"昨晚我和道格谈过了,他觉得这个团队不适合他。"整个房间安静了。克丽斯汀做好了最坏的打算,她不知道大家会怎样应对。道格已经和他们共事了很多年。她在等着大家说点什么,但始终一片沉寂。她站在那里看着他们,忽然意识到道格的走也许对大家来说并不是什么坏事。

[198]

他们听到一阵敲门声,这时门开,是道格。"抱歉,打扰了,"他说,看起来他还没有睡醒。

"道格,进来吧,我们正在谈论关于你的事。"克丽斯汀说。

道格走进房间里,并没有关门。"我想向大家道歉,特别是你,克丽斯汀,"他直直地看着她,"昨晚我们谈话后,我一直睡不着,后来我起来想了一下,几个月来我们团队发生的变化以及是什么让我们现在这样艰难。是我把一切弄砸了,所以我要为我最近的行为道歉。"

所有人都震惊了。

道格继续说:"昨天晚上我意识到,尽管我本可以加快步伐并且以身作则,但我却表现得很差,我不是个好组员。"

他们都看着他不敢相信,玛丽他们很想知道克丽斯汀在那晚之前到底跟他说过些什么。是什么促使道格先离开团队又回来道歉呢?

道格继续说:"而且,如果可能的话我想继续留在这个团队。"

他停下来,等着克丽斯汀的回应,但她什么也没说。

"如果不能的话,我也能理解。"他低下头看着自己的鞋子说,等着克丽斯汀的回应。

"嗯。"克丽斯汀回答,"我很高兴你能认真思考我们的对话。而且,事实上,我很高兴你能改变主意。"她转向团队说,"我们休息一下吧,我和道格聊几分钟,一会儿我们会照今天的日程来活动。十五分钟后我们开始。"

说完这些,克丽斯汀转身对道格说:"我们找个地方聊一下吧。"他点了点头跟着她走出去。

Chapter 25 扫除隔阂

◎ 坦诚相对

道格和克丽斯汀找到个离团队足够远的地方,这里没有人可以听到他们的谈话。

"那么,道格,是什么促使你改变了主意?"她问。

"是那只小鸡。"他回答道,觉得自己的回答有些傻。

"那只小鸡?"她问,"为什么?"

他也觉得很可笑,"嗯,昨晚我换衣服的时候,小鸡从我的口袋里掉了出来。当我从地板上把它捡起来的时候,我看着它想:谁是真正的胆小鬼?我本应该诚实地把我的想法告诉你和整个团队;我本该参与到讨论当中而不是做绊脚石。然而,一面对困难,我就退缩了。我认为我现在非常需要改变自己,我要成为团队中有用的一员,做一个好帮手,成为有价值的人而不是只会拖后腿的人。"

"哇,那可能……"克丽斯汀说,"需要你花很长时间才能做到。你确定要回到这个团队,不管它成功还是失败,不管它是不是朝你想象的方向前行,你都将接受这所有的一切吗?"

"嗯,这确实需要很多练习,我得近距离地和责任伙伴一起工作,但我想我能做到。"他答道。

[200]

"我需要知道你确实会去这么做,"她看着他说,"你看,现在是需要做承诺的时候。我需要知道你是团队中的一员。在接下来的日子,我们所做的所有决定都是我们的决定,而不是我一个人的决定。我需要团队中的每个成员都参与这些决定。你能做到吗？道格。"她问。

"是的，"他说，此时此刻，他明白他甘愿为团队付出一切，"你可以信任我。"

◎ 小结和核心概念

- ◆ 犯错误是不可避免的，关键是如何解决。
- ◆ 承诺造就成功的团队。如果成员无法承诺尽可能地遵守水手的秘诀，团队必定无法获得成功。
- ◆ "水手的秘诀"适用的情境远远大于划艇。团队工作时，需要将这些要点糅合起来，支持与尊重团队中的每个角色，这样团队就可以做成很多单靠个人无法完成的事。

第二十六章　未来之行

回到房间后,克丽斯汀组织大家开了一场战略计划的讨论会,会上大家分享了各自对于现状的评估,包括竞争环境、消费者需求、产业变化和内在核心竞争力等方面。 [201]

他们做的远不止这些,因为掌握了足够准确的信息,他们一起做出了一份计划,这份计划将当前状况和未来愿景结合起来。

在接下来的几个月里,道格并不是唯一一个改变最大的人。奇普学会了尊重他的同事并信任他们,这也让他收获了很多。戴夫开始考虑别人的能力范围,将报告模板标准化,也不再提出无理的要求。

玛丽希望南希能做她的良师益友,而南希非常愉快地接受了。提姆为他的IT产品努力工作,同时也严格遵守他为自己制定的时间表。彼得培养出了他对于团队的信任,这使他受益匪浅。克丽斯汀非常热爱与这个团队一起工作,并以他们为豪。最终,他们作为一支团队奋力向前。 [202]

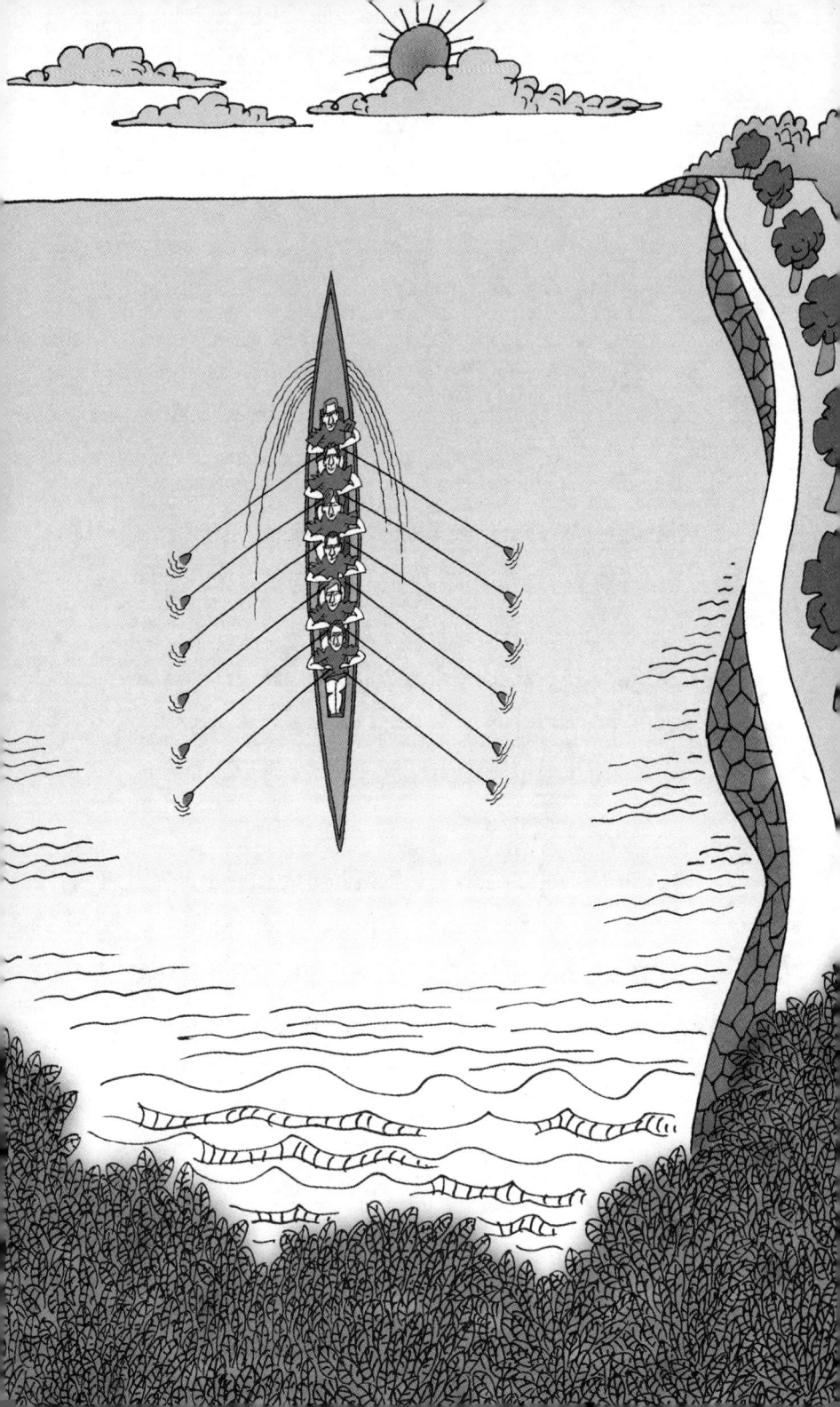

附录 A 团队评估

下面的团队评估量表用以帮助你对你团队当前的状态进行评估。你可以以团队为单位在本书上或在线回答这些问题,我们的网址是:www.rowerscode.com,在那里我们将以表格的形式为您显示结果,并为您发送结果报告。

在下列表述中,选择你认为最接近你的团队行为的回答圈出来。每道题只圈出一个答案。当完成所有问题之后,把每一页的得分加起来并按照问题最后的那个表格来总结。

1. 我们将团队的利益放在个人目标和追求之上。

    a. 非常同意

    b. 同意

    c. 有点同意

    d. 有点不同意

    e. 不同意

    f. 非常不同意

2. 我始终以信任我的团队的方式行事。

    a. 非常同意

b. 同意

c. 有点同意

d. 有点不同意

e. 不同意

f. 非常不同意

3. 当团队做出决定时,我们会以积极的行动来支持。

   a. 非常同意

   b. 同意

   c. 有点同意

   d. 有点不同意

   e. 不同意

   f. 非常不同意

1—3题中下列答案的数量:

a ____ b ____ c ____ d ____ e ____ f ____

4. 在我的团队中人员的搭配符合团队目标。

   a. 非常同意

   b. 同意

   c. 有点同意

   d. 有点不同意

   e. 不同意

   f. 非常不同意

5. 作为一个团队,我们使每个人的长处最大化,每个人的短处最小化。

    a. 非常同意

    b. 同意

    c. 有点同意

    d. 有点不同意

    e. 不同意

    f. 非常不同意

6. 我们懂得每个人的贡献对于团队成功的重要性。

    a. 非常同意

    b. 同意

    c. 有点同意

    d. 有点不同意

    e. 不同意

    f. 非常不同意

4—6 题中下列答案的数量：

a ____ b ____ c ____ d ____ e ____ f ____

7. 我们对自己和其他人负有责任。

    a. 非常同意

    b. 同意

    c. 有点同意

    d. 有点不同意

    e. 不同意

f. 非常不同意

8. 我们公开诚实地讨论团队工作。

    a. 非常同意

    b. 同意

    c. 有点同意

    d. 有点不同意

    e. 不同意

    f. 非常不同意

9. 如果我们不能遵守承诺或按照预期完成任务，我们会提前通知其他人。

    a. 非常同意

    b. 同意

    c. 有点同意

    d. 有点不同意

    e. 不同意

    f. 非常不同意

7—9 题中下列答案的数量：

a ____ b ____ c ____ d ____ e ____ f ____

10. 我清晰地知道团队的目标。

    a. 非常同意

    b. 同意

    c. 有点同意

d. 有点不同意

e. 不同意

f. 非常不同意

11. 我们有合理的、可实现的目标。

   a. 非常同意

   b. 同意

   c. 有点同意

   d. 有点不同意

   e. 不同意

   f. 非常不同意

12. 我们知道为了达到团队目标,每个人应该做什么。

   a. 非常同意

   b. 同意

   c. 有点同意

   d. 有点不同意

   e. 不同意

   f. 非常不同意

10—12题中下列答案的数量:

a ____ b ____ c ____ d ____ e ____ f ____

13. 作为个体,我们分得清轻重缓急。

   a. 非常同意

   b. 同意

c. 有点同意

d. 有点不同意

e. 不同意

f. 非常不同意

14. 我们会帮助他人解决困难，有时会因此放下我们在做的事或者重新分配任务。

   a. 非常同意

   b. 同意

   c. 有点同意

   d. 有点不同意

   e. 不同意

   f. 非常不同意

15. 我们把握住好时机，考虑其他人以及我们的行为如何影响到他人。

   a. 非常同意

   b. 同意

   c. 有点同意

   d. 有点不同意

   e. 不同意

   f. 非常不同意

13—15 题中下列答案的数量：

   a____ b____ c____ d____ e____ f____

16. 我们的领导看重我们的观点,并邀请我们发表观点。

   a. 非常同意

   b. 同意

   c. 有点同意

   d. 有点不同意

   e. 不同意

   f. 非常不同意

17. 当我们做决策时,每个人都扮演积极的角色。

   a. 非常同意

   b. 同意

   c. 有点同意

   d. 有点不同意

   e. 不同意

   f. 非常不同意

18. 我们遵守诚实正直和职业道德的承诺。

   a. 非常同意

   b. 同意

   c. 有点同意

   d. 有点不同意

   e. 不同意

   f. 非常不同意

16—18题中下列答案的数量:

a ____ b ____ c ____ d ____ e ____ f ____

19. 我们和团队其他人开放、诚实地交流。

    a. 非常同意

    b. 同意

    c. 有点同意

    d. 有点不同意

    e. 不同意

    f. 非常不同意

20. 我们非常看重沟通的清晰度,这样我们能够确认每个人都可以理解其他人的意见。

    a. 非常同意

    b. 同意

    c. 有点同意

    d. 有点不同意

    e. 不同意

    f. 非常不同意

21. 当我们遇到问题时,我们直接去找队友,而不是到团队之外去倾诉或寻求支持。

    a. 非常同意

    b. 同意

    c. 有点同意

    d. 有点不同意

    e. 不同意

    f. 非常不同意

附录 A 团队评估

19—21 题中下列答案的数量：

a ____ b ____ c ____ d ____ e ____ f ____

你的加权得分结果

问题	答案					
	a	b	c	d	e	f
1 – 3						
4 – 6						
7 – 9						
10 – 12						
13 – 15						
16 – 18						
19 – 21						
每一列的总数(X)						
加权值(Y)						
加权后的分数 (X)×(Y)						
总分						

加权得分结果示例

问题	答案					
	a	b	c	d	e	f
1 – 3		1	1		1	
4 – 6	1			1		1
7 – 9		1	1			1
10 – 12			1	1	1	
13 – 15					1	2
16 – 18		2		1		
19 – 21			1	1		1
每一列的总数(X)	1	4	4	4	3	5
加权值(Y)	6	5	4	3	2	1
加权后的分数 (X) × (Y)	$1 \times 6 = 6$	$4 \times 5 = 20$	$4 \times 4 = 16$	$4 \times 3 = 12$	$3 \times 2 = 6$	$5 \times 1 = 5$
65						

分数的解释：

21 – 62　你的团队缺乏统一目标，要立即寻求帮助。

63 – 104　你的团队正在艰难前行，要在疲惫和迷失之前得到帮助。

105 +　你的团队步调一致，继续保持。

附录 B "水手的秘诀"汇总

1. 以团队利益为先

把自己交付给团队

2. 人人具有平等的价值

挖掘你同事的潜能

3. 承担你的责任

负起责任

4. 保持平衡

做到恰适的人员安排

5. 保持同步

认识到你做的和没做的事情会怎样影响他人

6. 以身作则

信任你自己和其他人

7. 内部解决

直接和你的队友一起解决问题

1	以团队利益为先	将团队的利益置于个人利益之上。大家都向一个方向使劲,而不是各划各的。	承诺
2	人人具有平等的价值	尊重他人,认可并信任每个人的优势。	认可
3	承担你的责任	明确并尽到你的责任。	责任
4	保持平衡	通过对成员和技巧进行合理组合来实现目标。	组织及自我意识
5	保持同步	时机就是一切。要意识到你做的每一件事都会影响到其他人。要知道自己和别人的频率。	情境意识
6	以身作则	相信自己,相信队友。一起承担领导的责任。	信任
7	内部解决	清晰诚实地与你的队友沟通。	诚实和主人翁意识

你准备好迎接挑战了吗？

◇进入我们的网站：www.rowerscode.com

◇打印并展示"水手的秘诀"的海报。

◇打印"水手的秘诀"的书签并分发给每个人。

◇完成对团队的评估（通过纸上或在线完成）。

◇打印"水手的秘诀"的文件作为辅助工具和小贴士。

◇邀请一位朋友来学习"水手的秘诀"，并让登上你的胜利之船。

◇注册一个"水手的秘诀"的账户。

◇申请获得我们免费的电子通讯刊物。

加入我们的博客论坛。

你的团队步调一致吗？如果你对团队建设项目或基于"水手的秘诀"的合作有兴趣，请通过邮箱联系我们：info@rowerscode.com，或进入我们的网站：www.rowerscode.com。

索 引

A.

责任(accountability),101–102

责任伙伴(accountability partner[s]),200,170

表现得像公交车乘客(acting like bus riders),111,114

将行为协调一致(align behavior),93

以团队利益为先,做对团队最有益的事(Always Do What's Best for the Team),31,33,70,163–164

攻击行为(attacking behavior),107

B.

不好的行为(bad behavior),188

平衡和力量的完美结合(balance and power, the perfect combination of),79

保持船的平衡、保持赛艇平衡、把握船的平衡、保持平衡(Balance the Boat),62–63,118,163,167

平衡(balance),63

频率(bandwith),174

知道你的频率(know your bandwith),79

考虑/知道他人的频率(concider the bandwith of others/know the bandwith of others),79,141,201

为团队建立一个基础(baseline, give the team a baseline),42

参与行动(be present),115

做出设想中的改变(be the change you envision),113,150

行为(behavior)

    将行为协调一致(behavior, align behavior),93

    攻击行为(behavior, attacking behavior),107

    不好的行为(behavior, bad behavior),188

    阻碍行为(behavior, blocking behavior),135

    讨论自己的行为(behavior, discussing one's own behavior),143

    (表现得)好(behavior, good behavior),104

    有利行为(behavior, helping behavior),135

    消极攻击行为(behavior, passive-aggressive behavior),161-162,164,171

    有目的地(表现某种行为)(behavior, purposeful behavior),97

    支持行为(behavior, supporting behavior),107

    做到(being)

（做到）坦率地接受建议（bcing，being open to feedback），143

（做到）参与行动（being，being present），195

（做到）参与行动（being，being present and engaged），48

阻碍行为（blocking behavior），135

头脑风暴（brainstorming activities），113

摧毁信任（breaking down trust），99

分组会议（breakout sessions），133

建立信任（build trust），142

建立（building）

建立强大的交际网络（building，building a strong network），140

（建立关系）（building，building relationship），195

（建立牢固的人际关系）（building，building strong interpersonal relationship），195

C.

承担责任（Carry Your Load），53，57，163，166

他人在充满挑战的情景中如何反应（challenging situations, how people react in challenging situations），104

有助于澄清现象的问题（clarifying question），161

清晰诚实地沟通（clear and honest communication, foster clear and honest communication），99

承诺(commitment),200

承诺与价值(commitment and value),180

团队交流(communicate as a team),146

就愿景进行沟通(communicating the vision),150

抱怨周围的环境
(complaining about one's circumstances),125

从团队角度考虑(consider the team in decision making),139

从更大的视角考虑(considering the bigger perspective),87

核心竞争力(core competencies),157

勇气(courage),122

营造(create a)

    营造积极的企业文化(create a positive work culture),104

    创造安全的环境(create a safe environment),120

D.

行动果断(decisive action),188

清晰具体的愿景(detailed vision, a detailed vision),157

不同的公司文化(different corporate cultures),146

不同的公司和团队文化(different corporate and team cultures),104

讨论自己的价值观与行为(discussing one's own values and behaviors),143

理想工作(dream job, a dream job),38

索 引

E.

鼓励成员参与到……(encouraging team participation),48

提高他人自尊(enhance the self-esteem of others),142

现状评估(environmental assessment, the environmental assessment),201

执行官的生活方式(executive lifestyle),38

F.

促进合作(facilitate a collaborative effort),151

反馈(feedback)

 坦率地接受反馈(feedback, being open to feedback),143

 得到反馈(getting feedback),87

水手的秘诀第五点,水手的第五条秘诀(fifth point in the Rowers' Code),62,63,118,163,87

水手的秘诀第一点(first point in the Rowers' Code),48,163,165

培养(foster)

 培养团队氛围(foster a team environment),142

 清晰诚实地沟通(foster clear and honest communication),99

 促成健康的讨论(foster healthy debates),122

水手的秘诀第四点,水手的第四条秘诀(fourth point in the Rowers' Code),62-63,118,163,167

G.

获得平衡和一致(gain balance and alignment),159

人人具有平等的价值(Give/giving Every Seat Equal Value),46,48,163,165

良好的行为(good behavior),104

H.

公交车上坐着对的人、把对的人弄上车(having the right people on the bus),109-111,114

帮助他人明确他们在目标实现过程中应当发挥的作用(help others understand their part in the dream),150

助人行为(helping behavior),135

真诚、诚实(honesty),141,188

I.

积极地影响他人(influence others positively),104

发生积极地变化(initiate positive change),135

诚信(integrity),99

意图(intention),104

K.

内部解决(Keep/keeping everything in the boat),96,99,101-102,160,163,199

L.

缺乏承诺(lack of commitment),140

以身作则(Lead by Example),85,87,114,163,169

被限制了的视野(limited perspective),85

阵容、队形(line-up),35-43,45-47

M.

保持平衡(maintain balance),42

管理课程(management classes),155

描绘出优劣势(mapping strengths and weaknesses of the team),42

良师益友、导师(mentor),202

误会、错误(mistakes),43-50,107,146,182,200

对待错误(mistakes, handling your mistakes),146

误会(misunderstanding),109

避免误会(misunderstanding, avoid misunderstanding),159

避短(mitigate weaknesses),105,107,194

一心二用(multi-tasking, doing multi-tasking),48

N.

九一原则(90 percent rule),153-158

不见踪影(not being available),140

O.

户外培训(offsite),29-34,41

问开放性问题(open-ended questions, ask open-ended questions),61

开放(openness),141

组织意识(organizational awareness),63

过度承诺(over-committing),140

主人翁意识(ownership),99

P.

消极攻击行为(passive-aggressive behavior),161-162,164,171

积极的企业文化(positive work culture),104

先前的工作经验(previous work experiences),176

有目的的行为(purposeful behavior),97

R.

雷达图(radar chart),37

认可成功(recognize success)15

依赖他人(rely on others),125

研究(research),41

责任(responsibilities),44

"晃动小船"准则(Rock the Boat Ground Rules),160-162

让船晃动(rocking the boat),159,170,175,193

水手的秘诀的7条原则(Rowers' Code, seven principles of the Rowers' Code),30,163

水手秘诀第一条(Rowers' Code 1),33,163-164

水手秘诀第二条(Rowers' Code 2),2,46,48,163,165

水手秘诀第三条(Rowers' Code 3),3,53,57,163,166

水手秘诀第四条(Rowers' Code 4),4,62-63,118,163,167

水手秘诀第五条(Rowers' Code 5),5,76,79,163,168

水手秘诀第六条(Rowers' Code 6),6,85,87,114,163,169

水手秘诀第七条(Rowers' Code 7),7,96,99,163,169

"水手的秘诀"总结表(Rowers' Code Summary Sheet),163

划船的心态(rowing mentality),115

谣言(rumors),105,107

S.

8人赛艇的座位描述(seat descriptions for an "8" rowing shell),36

水手秘诀第二条(second point in the Rowers' Code),46,48,163,165

自我、自己(self-)

 自我评估问题(self-, self-assessment questions),129-132

 自我意识(self-, self-awareness),63,143

 给自己鼓气、自信(self-, invoke self-confidence),51

提高他人自尊(self-, enhanced self-esteem of others),142

方向感、目标感(sense of purpose),57,150

触及敏感问题(sensitive topics, bring up sensitive topics),119

为……做个榜样(set an example),90

水手秘诀第七条(seventh point in the Rowers' Code),96,99,163,169

情景意识(situational awareness),79

水手秘诀第六条(sixth point in the Rowers' Code),85,87,114,163,169

做小小的调整(small adjustments, make small adjustments),87

小小的细节(small details),87

稳定(stability),63

保持同步(Stay/staying in Sync),76,79,96,105,163,168

交流时很坦率(straightforward in communication, being straightforward in communication),139

新的战略目标(strategic plan, a new strategic plan),29

描绘出团队优劣势(strengths and weaknesses of the team, mapping strengths and weaknesses of the team),42

主题专家(subject-matter expert),49

支持行为(supporting behavior),107

逃避问题(sweeping things under the rug),120

T.

倒退一步(taking a step back),78

对外人讲内部的事(talking outside of the boat),98-99,105,107,139-140,142

发挥每个人的优势(tap into everyone's strengths),46,49

团队建设(teambuilding),29

 团队建设活动(teambuilding activity),25-26,59

 团队建设事件(teambuilding event),32

团结合作(teamwork, mastering teamwork),93

水手秘诀第三条(third point in the Rowers' Code),53,57,163,166

时机(timing),79,141,145

带人来帮忙(to bring someone in),106

团队合作方面的训练(training for team activities),151

相信、信任(trust),87,104,107,146,177

 摧毁信任(trust, breaking down trust),99

 建立信任(trust, build trust),142

U.

了解你拥有的资源(understanding your resources),64

V.

重视人、看重人(value people),46

想象成功的样子(visualize success),153

W.

与……保持一致(work in sync),64,76

关于作者

玛里琳·克里奇科创立了"水手的秘诀",并在 1998 年创立了 OARS 团队培训公司(现在的标准咨询公司),玛里琳的创新项目帮助很多团队在特殊的场地体验了团队的建设,在那里他们学会了以奥林匹克竞技的方式划船,并将"水手的秘诀"应用到工作的情境中去。

在创立 OARS 项目之前,玛里琳是一家瑞士报纸公司的高级执行官,那时她在严肃紧张的多言语、多国籍的环境中工作,需要大量的团队合作与沟通。她在 1989 年从位于杰克逊维的北佛罗里达大学获得了 MBA 硕士学位,并且在位于瑞典哥德堡的查尔姆斯理工大学接受了全面的质量管理相关教育。玛里琳同时也是华盛顿湖划船俱乐部的一名桨手。

玛里琳和她的家人生活在西雅图,在那里她是一名公司顾问和热心的桨手。

简·罗林森是一家保健品公司的主管,她有着超过 25 年的高级管理经验。她曾在各类企业任职,包括 CFO(财务总监)、COO(首席运营官)、总裁、副总裁、首席执行官;也曾承接外国政府部门的保健咨询业务。简的成就包括组建新公司,发展公司,并使公司扭亏为盈。在加入标准咨询公司之前,她职务是联合保健(一家大型保健公司)的扭亏为盈专家。她长期为在全美500强企业的执行官提供服务。简还为一些非盈利的机构服务。简在金融、管理、市场营销和组织发展方面具有丰富的经验,这些经验有助于她建设团队,并帮助她取得商业上的巨大成功。

简和她的丈夫布莱德——一名PGA(美国职业高尔夫球协会)的职业高尔夫运动员,以及她的儿子克里斯廷,居住在佛罗里达州的庞特韦德拉滩。